我替妳翻譯 他不能說的那句

72種見不得光的戀情，

看透他的心，也看清妳自己

葉知微 著

有些愛，並非因為妳無可取代，只是他恰巧孤單

最傷人的，不是不愛，而是讓妳誤以為被愛

目錄

目錄

序言

給那個把自己愛得太滿，卻被他放在「不確定」位置上的妳

有一種愛，不是沒有故事，而是沒有資格留下來成為故事的主角；有一種關係，不是沒有溫度，而是從來沒被正式命名。在這本書的每一個篇章裡，我想寫給妳 —— 那個總是愛得太小心，卻又太深的人。

妳可能曾經把一段「不清不楚」的互動，默認成感情的雛形；妳可能曾經在一段「沒名沒分」的等待中，把自己的熱情燃到剩下灰燼；妳可能曾經把某人的一句「我捨不得妳」，翻譯成「我正在愛妳」。

我們總被教導愛是等待、是成全、是耐心，卻很少有人提醒妳：

當一段感情讓妳不斷質疑自己、懷疑自我價值、吞下委屈卻依然沒有方向，那不是愛，那是耗損。

這本書不是寫來批判誰，更不是為了給妳更多自責的理由，而是想讓妳知道，在那段妳沒說出口的錯愛裡、在那段妳愛得沒人知道的關係裡 ——

妳的感受是真實的，妳的傷是可以被看見的，妳的好從來不是用來被冷落的。

我會陪妳，重新翻譯那些他沒說清楚的話，重新理解那些他用沉默帶過的殘酷；也會陪妳，一步步收回妳給得太用力的溫柔，讓那些愛慢慢流回自己身上。

這是一本寫給妳的翻譯書，也是一本妳終於看懂自己價值的覺醒手冊。當妳願意重新選擇自己那一刻，所有錯愛都會變成妳的驕傲起點。

願妳終於知道，妳不是他不選的理由，妳只是太值得，不能被隨便對待。

第一章
他不是愛妳，
他只是寂寞到剛好需要妳

第一節
他半夜說想我，白天卻消失得像陌生人

寂寞的訊息，不等於深情的聯繫

「妳還沒睡吧？」

那是一個凌晨一點半的夜晚，手機螢幕亮起來的瞬間，我的心跳快了半拍。是他。這個我在社群網站上一篇職場心情貼文底下與他留言互動後才認識沒多久的男人。從那天起，每天夜裡，他總會傳訊息來找我，時間落在午夜過後到清晨之前。我不確定這樣的時間點，對他來說是否意味著什麼，但對我來說，那是我一天裡最孤單、也最容易心軟的時段。

我們談的話題無所不包，從職場的鳥事聊到童年的陰影，從對未來的焦慮談到愛情裡的受傷經驗。他似乎很願意與我分享內心的世界，我也在他每一次誠懇的傾吐中，一點一滴建立起「我是他唯一能說話的人」的錯覺。尤其是他說：「妳很特別，跟其他人不一樣」，這樣的話語讓我開始對他產生了依戀——不只是情感上的，也是情緒上與認同上的。

然而，白天來臨，他就像蒸發一樣。我傳訊息，他不是隔了好幾個小時才回，就是乾脆已讀不回。我在心裡不斷幫他找理由：他可能在開會、他可能手機沒電、也許他是不想讓同事看到他的訊息內容……但所有的猜測都建立在一件事上——他並沒有主動向我解釋。

他說：「我不想讓白天那些煩人的事干擾我們之間的連結。」

我聽了感動得差點落淚。直到有天，我無意間發現，他也在其他女生的貼文底下留言「寶貝晚安，想妳」，我才發現，這樣的深夜連結，並非我專屬。那一刻，我的心像掉進了冰水裡。

投射依戀與逃避連結的心理機制

從心理學角度來看，這類「夜間戀愛型」的關係，是一種結合焦慮依附者與逃避依附者的互動模式。依附理論（Attachment Theory）指出，人際互動中，我們會根據過去的情感經驗與家庭背景形成特定的依附風格。而這類男人多屬於逃避型依附者，他們渴望親密，但又極度害怕被控制或被要求。他們只會在自己安全的時空裡主動靠近妳，比如夜深人靜時、情緒低落時、孤單時，這些時刻他是安全的，不需要回應妳的需求，不需要負起任何實體互動的責任。

而妳若是屬於焦慮型依附者，妳會傾向於把他的每一句晚安訊息、每一通電話當作關係的證據，甚至會為他沒有出現的白天找盡藉口。這時候的妳，不只是對他產生了情感，而是進入了「投射式愛戀」的狀態——妳把妳想要的、妳渴望的、妳幻想的，全都投射在他身上。他可能只是剛好晚睡、剛好手癢打開聊天室，妳卻解讀為「他捨不得我一個人」。

這類遠距式、低成本、無實體的網路戀愛，還包含了另一個重要特徵 —— 回應權的完全不對等。他掌握主控權，妳處於等待位置。他的「在場」是選擇性的，而妳的「在場」是無條件的。他說想妳的那一刻，不見得真的想妳，他可能只是剛好寂寞，剛好沒人回他訊息，剛好覺得妳會接球。

妳不是戀人，是他的夜間情緒轉運站

從關係策略的角度來看，這種模式是一種非對稱互動結構，他掌握著決定何時開始與結束對話的權力，妳則在整個互動中扮演被動等待與即時反應的角色。這是一種「訊息主導關係」，核心特徵是：「我只說話時，妳才存在。」

他不會跟妳討論未來，甚至不會說明現在，他只會在他需要安慰、需要陪伴、需要發洩的那一刻找妳。他把妳當作情緒中介站 —— 一個可以短暫卸載內心不安、不需花費成本卻能得到滿足的虛擬空間。這裡的空間，不是愛情，而是情緒代管。

這樣的策略思維下，他根本不需要對妳負責。因為你們沒有見面，沒有承諾，沒有公開，他甚至可以說：「妳誤會了，我只是找人聊天。」而妳卻因為太過投入，在心裡為這段「關係」建立了一套完整的戀愛劇本。妳感覺被背叛，但他根本沒有答應妳什麼。這是一場單方面的認真，在一場雙向的模糊裡被利用得剛剛好。

性慾還是情感？午夜親密的虛擬性愛迷霧

許多這類「半夜戀人」的關係，也帶有語音親密、語言性刺激甚至視訊調情的成分。他不會邀妳上床，卻會說：「妳的聲音讓我很安心，聽妳喘氣我就睡得著。」

他也不會開口說出想妳身體的話語，卻會以「妳今天穿什麼睡衣」開始對話。他會在語音裡對妳說：「妳一定很香」、「好想抱妳」，但從不提出見面的安排。他用語言營造親密的幻覺，讓妳以為關係進展了，其實只是他藉由妳的反應獲得情緒與生理上的釋放。

這樣的性愛互動不是關係的深化，而是他的慾望循環。妳以為這是進入，他只是短暫停靠。

他不是想妳，他只是剛好無聊，而妳剛好醒著

這段關係從一開始就有明顯的時間分界：夜晚屬於妳，白天不屬於任何人。真正愛妳的人，不會只在凌晨想妳。他會在中午想起妳有沒有吃飯，在下午問妳今天過得怎麼樣，在晚上問妳需不需要接妳下班。而不是在凌晨一點五十三分說：「睡了嗎？我有點想妳。」

如果妳每天活在期待他的訊息、糾結他白天的冷淡，那妳要知道，這不是戀愛，這是妳用自己的幻想餵養出來的關係幻影。

遠距曖昧關係評估工具表

項目	是／否	發生頻率	備注說明
是否只在深夜互動？			例如 00：00 以後
是否多數話題以情緒或身體暗示為主？			有無語音、挑逗語
對方是否避談未來與實體見面？			包含拒絕分享生活細節
是否無法確定對方的真實身分資訊？			社群、真名、背景模糊
是否曾有性愛性語音或視訊互動？			無實體接觸但有性行為暗示
妳是否曾出現期待－失落的情緒循環？			每天被訊息主導情緒起伏

第二節
他說「別想太多」，我卻已經劇本殺完三季

「別想太多」：一句最輕巧的情感終止鍵

他第一次說「別想太多」的時候，是我問他：「我們這樣算什麼？」那晚我們剛結束一通持續了兩個小時的語音通話。他說他在工作上受了很多委屈，只想找個能理解他的人。我聽著他

的聲音，心裡有一種從未有過的親密感，就像終於有一個人，在這個世界的某個時刻，剛好需要我。

於是我問：「如果哪天我真的很想見你，你會願意嗎？」

他沉默幾秒，然後說：「妳別想太多，好嗎？我們這樣就很好。」

我當下沒有再追問，只是點頭說：「好。」但內心開始排演一齣未來劇本 —— 我們如何相見，他如何在見面的那天牽起我的手，如何在眾人面前坦然地介紹我：「這是我一直放在心上的人。」我甚至已經幻想了我們吵架後如何和好、他生日我送他什麼、他母親會不會喜歡我。

而現實是，他一如往常地維持著忽冷忽熱的節奏。有時他會連續三天不出現，有時又突然深夜傳來一段語音說：「妳在嗎？我今天心情不好，只想聽聽妳的聲音。」

這種時斷時續的連結，像是一場永遠不會首播的連續劇，只播了片頭曲，卻讓我自己把後面三季的劇情都演完了。

他從不承諾，從不說愛，從不主動提未來。可是我卻把每一次的對話當作愛情的伏筆。當我試圖追問，我就會收到他的那句萬用回應：「妳別想太多。」就好像所有的不安、困惑與期待，只是我一個人的誤會。

認知偏差與幻想強化：愛情投射的心理劇場

這種情境在心理學中有一個明確的現象名稱，叫做情感投射（psychological projection）。它是依附關係中的一種「自我延伸防衛機制」，簡單來說，就是我們在缺乏真實關係證據的狀態下，自動創造出一段對方從未給過的關係架構，並投入真實情感來加強這段虛構關係的可信度。

為什麼我們會這麼做？因為人類的心理傾向於「意義追尋」，我們的大腦會極力從模糊的互動中找到一條可解釋的邏輯線。而曖昧式互動，特別容易讓人陷入一種「我看到的是什麼就代表對方也是這樣想的」的錯覺。

心理學上稱這種狀態為「投射性認同（projective identification）」——妳一廂情願地相信妳感覺到的，就是對方的真實感受，於是妳開始把所有的情緒、回應與小細節「劇情化」。

比方說，他說一句「好想吃火鍋」，妳就腦補出他希望妳約他吃火鍋；他說「我今天好累」，妳就幻想他期待妳出現在他家門口幫他送晚餐；他回妳訊息多用了一個貼圖，妳就覺得他是不是多一點在乎。妳用自己的語言翻譯他沉默裡的意圖，然後深陷在自己製作的字幕裡，感動不已。

這就是所謂的單向戀愛認知模式，也就是現代網戀與遠距情感依附裡最常見的陷阱。妳愛上的，不是他，而是妳認為的那個他。

「別想太多」的策略邏輯：不承諾、全掌控

從關係策略分析的角度來看，「別想太多」是一句極具殺傷力的語言，它的本質是一種責任阻斷式溝通策略。這句話聽起來無害，甚至溫柔，但實際功能是：拒絕妳的期待，又不破壞關係的現狀。

這樣的策略背後有三個策略優勢：

1. 他永遠保有撤退空間

只要沒有明說關係屬性，他就沒有任何道德或情感義務，即便妳哭泣、受傷、覺得被背叛，他也可以說：「我從沒答應什麼。」

2. 他讓妳自我審查

當妳再次想表達感受時，妳會先想到「是不是我太多想了？」於是開始壓抑自己，迴避衝突，他不需要說服妳放棄，妳自己就會選擇閉嘴。

3. 他掌控節奏與範圍

他能自由選擇靠近或抽離，妳的情緒與思考都被他一句「別想太多」導向自我反省與內耗，而非面對真實問題本身。

這種關係的本質不是愛，而是控制。他用模糊語言控制妳的情緒反應，用不確定性控制妳的期待幅度。這不是戀愛，是

一場無聲的權力遊戲，而妳以為自己是女主角，其實只是觀眾自己買票入場的戲子。

幻想式戀情如何啟動自毀機制

在這種關係裡，幻想是最大的癮頭。一開始是他給了一點甜頭，但真正讓妳無法抽身的，是妳自己替這段關係不斷包裝與升級。

幻想讓妳在情緒上持續投注，就像股票明明下跌，妳卻覺得再等等可能會反彈。這種行為心理學上稱為沉沒成本（sunk cost），即使現實已經很明白地提醒妳這段關係不會有結果，但妳因為投入太多情緒與時間，不甘心放棄。

這也是為什麼妳會越來越依賴他越簡短、越冷淡的訊息。因為那是妳唯一的「回報」，妳必須讓這些回報看起來有價值，才不會讓妳覺得自己是白等了。這不是戀愛，是自我催眠式等待。

當他說「別想太多」，妳應該問自己：為什麼妳會想這麼多？

真正值得妳去思考的，不是他講了什麼，而是妳為什麼會為他每一句話、每一個表情這麼緊張。妳害怕失去的是他，還是那個在他面前妳可以感覺被需要的自己？

妳以為妳是因為愛他才不斷想太多，其實妳是在尋找意義感與自我價值補償。這段關係讓妳在日常的空虛中，擁有了一種「有角色」、「被在意」的錯覺。這是一種情感上的自我假設，它不一定來自真實互動，而是來自妳過往對愛的匱乏與補償需求。

妳並不是真的愛他，而是妳愛上了妳在他面前那個可以被想念、被需要、被期待的版本自己。他只是提供了妳演出這個角色的舞臺而已。

模糊關係投射強度自我評估表

項目	回答（是／否）	次數（近一週）	備注說明
我是否經常幻想我們的未來？			是否想過見面、交往、結婚等情節
對方是否從未給過明確承諾？			包含沒有確認關係、不回應「我們是什麼」
對方說過「別想太多」或類似話語？			包括「妳想太多」、「妳多心了」等
我是否常因他一句話心情大起大落？			包括訊息已讀不回、冷淡語氣等
我是否會為他編織合理化的理由？			包含幫他找藉口、忽略現實不合理點
我是否曾在無法聯絡到他時感到焦慮？			心跳加快、強迫重讀對話、腦補情節等

第三節
我們每天都語音晚安，他卻從不讓我加他 IG

每天都說晚安，但我連他養幾隻貓都不知道

他每天晚上準時在十一點五十九分傳訊息給我：「今天累嗎？」接著撥通電話，我們聊著一天的瑣事、分享各自的情緒，有時還會聊到他說：「有妳陪我這樣講話，我才覺得今天有意義。」我心裡微微一震，彷彿我們的關係比戀人更親密。我們不曾擁抱，卻彼此知道對方最累的時間點；我們沒有見面，卻能準確地讀懂彼此語調裡的壓力與喜怒。

這樣的夜晚延續了三個月。他從不避諱談性，我也開始習慣在語音裡聽他用低沉的嗓音形容他想我、想抱我，甚至問我「穿了什麼睡衣」。起初我還有些防備，但他總說：「我從沒跟任何女生這樣聊過，只有妳讓我想靠近得這麼自然。」這句話讓我卸下防備，把心也一起交了出去。

但我逐漸發現一件事：他從不讓我加他的 Instagram，也從沒開過他的視訊。當我提起想看看他的生活照片，他說：「我不常用 IG 啦，社群很煩，我沒在那上面分享什麼。」當我問：「那妳平常怎麼和朋友聯絡？」他說：「都用 LINE，不用社群那套。」

這樣的回答開始讓我起疑。他曾說他有一隻很可愛的橘貓，卻從來沒有分享過任何照片。我問他可不可以傳一張貓咪照片

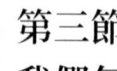

給我，他說：「手機裡沒照片耶，下次幫妳拍。」但那個「下次」從沒來過。

我開始私下搜尋他的名字和可能的帳號組合。終於有一天，我找到了一個疑似他的帳號，上面有他公開追蹤的朋友們，一張張派對照、戶外活動照、一個長相陽光的男人與不同女生勾肩自拍的畫面，而他的帳號大頭貼竟然是他和一位女生的合照。

我沒有當場對質，只是默默關掉了那個頁面。那一晚，他照樣打來，語氣依舊溫柔：「晚安啦，我好像已經習慣每天都聽妳聲音才睡著。」我回說：「嗯，我也是。」但我心裡清楚，我是他某種深夜劇情的配角，連劇名都沒資格知道。

親密無距離，只存在於虛擬舞臺

這類關係，是現代網路互動最常見的一種模式，這種現象稱為「隔空親密」。它建立在高頻率的文字與電話聯繫上，但實際上的生活參與感卻極低。對方讓妳進入他設計的情緒劇場，卻始終阻擋妳走進他的真實生活。

這種虛擬連結之所以迷人，是因為它讓人產生了比現實更強的投射感與安全感。妳會覺得自己「被了解」、「被需要」、「被例外對待」，但實際上妳接收到的只是經過修飾、經過排程、甚至可能經過多重複製的情緒素材。

依據心理學上的「選擇性感知偏誤（selective perception bias）」，人在曖昧與投射狀態下，容易只看到對自己有利的細節，並忽略危險信號。當他說「只有妳可以讓我這麼放鬆」，妳就自動忽略了他從不開視訊、不加社群、不提供生活證據這些不合理現象。

而這樣的依附模式，正是許多虛擬戀情與多重感情策略者擅長操作的核心機制。他不需要說謊，只要隱藏。他也不需要劈腿，只要妳不知道他還有誰。這不是關係的建立，而是資訊控制與角色操縱。

當「不公開」變成了「妳不存在」

「我不常用社群啦。」這句話，在現代社會裡的情感語意，其實相當於「我不打算讓妳知道我生活的真相」。

尤其是在一個社群帳號綁定生活、交友、職場、人際的時代，刻意不讓妳加他的社群，代表的不是隱私，而是他不打算讓妳進入他的現實身分結構。

關係掩蓋有幾個常見模式：

一，對方極力維持情緒交流的頻率與深度，營造一種「比戀人還戀人」的錯覺。

二，堅決切斷與妳任何可實體化的互動線索，例如不讓妳見他朋友、不讓妳加他社群、不讓妳知道他工作單位等。

三，藉由稱讚妳「懂他」、「特別」等語言強化妳的忠誠感，使妳甘於處在模糊狀態。

四，一旦妳提出進一步要求，他便會說「妳想太多」、「我只是不想被干擾」、「我有我的界線」等話語進行道德性的合理化。

妳並不是他唯一語音的對象，而是唯一不會問太多的那個人。

為何妳甘心只活在他半邊的世界？

妳知道他在躲避，卻還是默許這種方式持續存在。為什麼？因為妳的焦慮依附與過去受挫的情感經驗，讓妳早已習慣將自己放在「等待被選擇」、「證明自己值得」的位置。

心理學家 Bartholomew 與 Horowitz 於 1991 年提出的依附模型中指出，焦慮依附者傾向過度投入，並試圖用「更懂、更乖、更投入」的方式獲取對方的認可，而不是對等要求被看見與尊重。

所以當他不讓妳加 IG、不讓妳看生活照，妳不是懷疑他，而是懷疑自己「是不是要求太多」。妳不是覺得他在躲，而是覺得「他一定有原因，只是不願說」。妳甚至會把這種遮蔽當成一種浪漫的祕密，認為這代表他對妳有保留的溫柔。

其實，他只是想讓妳只存在於他需要的空間裡，不多不少，剛好就好。

如果妳無法見光，妳只是他的黑夜工具人

真正健康的關係不會害怕公開，真實的親密關係一定包含資訊交換與生活融合。

一段不能見光的關係，也許不是因為妳不夠重要，而是妳從頭到尾只是被放在一個黑夜限定的功能角色。妳提供他聲音陪伴、語音性愛、情緒溫度與對話互動，但卻從未出現在他的生活證據裡。

妳是一場完美的晚安服務，妳是他建立戀人想像的投射對象，是他孤單時的語音港灣，但妳不是他的戀人，妳不是他的日常，而妳甚至不是他社群裡的存在。

戀情隱蔽程度與現實驗證強度評估表

評估項目	回答（是／否）	發生頻率	備注說明
對方是否願意加妳社群帳號？			IG、Facebook、Threads 等
對方是否願意開視訊讓妳看到他本人？			含語音通話期間是否視訊
妳是否知道他的真實姓名與工作單位？			或有無同事、朋友可交叉驗證
是否能從對方社群中看到妳的存在痕跡？			包含留言、互動、標記等
是否有照片、影片、動態訊息等可印證對方身分？			包含他口中描述的生活與實證是否一致
對方是否曾以「保護妳／不想被打擾」為由拒絕公開？			是否重複使用此理由拒絕連結

第四節
他說我很特別，卻也對其他人一樣熱情

他讓妳以為妳是例外，其實妳只是輪值的陪伴人選

「妳真的跟別人不一樣。」

這句話，是我們第一次語音聊到深夜時他說的。那天我們聊到童年創傷與人生方向，我回應他一句：「有時候活著只是為了沒讓別人失望。」他沉默了幾秒，然後說：「妳懂我。真的懂。」

那一刻，我覺得自己和他建立了一種誰也插不進來的聯結。他沒說愛我，但他的眼神和語氣給了我一種更深的東西 —— 我以為那叫做信任，其實那只是熟練的套路。

那之後，他每天都會固定傳訊息給我，內容從天氣到焦慮，從食物到性慾，每一則看似隨意的文字，都讓我覺得我在他的生命裡占有一席之地。我開始以他的情緒作為我情緒的風向。他今天回得少，我便整天坐立難安；他說「妳在就夠了」，我便像被加冕的王后一樣驕傲。

直到某一天，他的訊息被我誤傳到一個我也認識的女生那裡。我們私下聊起來才發現，我們收到過一模一樣的話：「我很難相信別人，但妳是例外」、「只有妳能讓我不再排斥談未來」這

類的句子，竟然是他的萬用回應。她曾和我一樣，以為自己是他生命中最特別的存在。

當下我有一種被剝光的羞辱感。我以為自己在一段獨特的關係裡，其實只是被分配到輪值的時段。他對我說的每一句話，原來只是他精心養成的模式反應，他從不重複文字，但永遠複製感受。

我再也無法把他的話當真了，可我卻已經捲進這段「情緒經營式的模糊關係」太深，連轉身都會痛。

「特別」只是話術，不是他行為的證明

當一個人總是說妳很特別，但從不在行為上具體展現出妳與他人的差異時，那麼他的話就不是讚美，而是一種心理操作。

選擇性讚美控制的本質是一種情緒經營的手段，藉由語言上的高價值評價（例如：妳最懂我、我只對妳坦白、妳是我的靈魂同伴）來換取對方的持續投入，而實際上對方的行為卻並沒有任何專屬性。

妳以為妳是唯一，但他從不把妳介紹給他的朋友；妳以為他只對妳說這些話，卻不知道妳只是其中一個接收者。他用「妳最特別」這句話套在不同的人身上，得到的是每一位女性在情緒上的「高度綁定」與「延後察覺」。

當然，妳不是笨，也不是沒有察覺其中的不對。但妳之所以還願意相信，是因為妳害怕承認自己被當成選項。這時候妳的大腦會啟動一種心理防衛機制，稱為認知合理化。妳會開始對他的行為進行合理包裝，比如說：「他可能只是還沒準備好公開我們」、「他可能只是對所有人都很體貼」等說法，來平衡妳內心的質疑與期待落差。

他對所有人都好，代表沒人真正重要

在關係策略中，有一種被稱為情感普發型管理的操作方式，即是對每個潛在對象施以相近的情感示好與互動深度，但永遠維持在不確定的範圍之內。這種人常常會說出讓妳以為自己是主角的話語，但實際操作上卻絕不讓任何人走進他的核心生活圈。

他懂得察言觀色，知道什麼時候說「妳讓我感覺到安全」，什麼時候說「只有妳聽我說話不帶評價」，但他從不做出一個戀人該有的代表性行為：他不會主動約妳見面，不會公開讓妳成為他生活的一部分，更不會在妳失落時主動穩住妳，而只在妳即將抽身時用語言拉住妳。

對這類人來說，戀愛不是進程，而是管理。他不談未來，是因為現在對他來說已經足夠可控。他讓妳感覺與眾不同，是因為他知道「被選中」這種情感錯覺，最容易讓人付出真心。

當妳覺得他對妳特別，妳該問自己：有什麼是只有我才有的？

衡量一段關係是否真實，不是看他怎麼說妳有多特別，而是他是否只對妳做那些特別的事。

如果他對妳說的話，也曾對其他人說過，那就表示那些語言的價值不再是愛的承諾，而是一種情緒操控的通用貨幣。當一種溫柔可以輕易被複製，它就不再是溫柔，而是一種有目的的設計。

妳必須捫心自問：他有做出任何行為，讓妳確定妳在他的生命中有明確的位置嗎？他有在哪個場合介紹過妳？有沒有一次，他主動讓妳成為他的生活證明？

如果這些問題的答案都是沒有，那麼他的「妳很特別」只是語言建構出來的泡沫，他吹得很用力，而妳以為那是實體的家。

假裝被愛，比真的孤獨更危險

最讓人痛苦的不是發現他是個說謊的人，而是發現自己曾經那麼認真地相信一個沒有承諾的連結。妳以為你們之間是正在萌芽的感情，其實那只是他正在進行的情緒經營案，妳不是唯一對象，只是目前最穩定的一條供應線。

這種自我催眠的狀態是一種高度危險的心理區塊。當妳太久沒有收到確認與回報時，妳會開始用更強烈的幻想與補償行為來填補焦慮，最終的結果是：妳陷得更深，他抽得更乾淨。

妳覺得自己是戀人，他覺得妳只是聽眾；妳以為你們是靈魂連結，他只是剛好在空虛時按錯了按鈕。當妳用整顆心愛一場模糊的關係，那不是愛情，那是情緒債務。

專屬性戀情辨識檢查表

評估項目	是／否	發生次數	備注
他是否曾說「妳很特別」這類的話？			例如「只有妳懂我」、「我從沒跟誰這樣」等
他是否有具體行動證明這份特別？			包括公開介紹、分享生活、獨有稱呼等
是否發現他也對他人說過類似話？			含社群留言、訊息截圖、共同認識者轉述等
他是否避談妳與其他人之間的差異？			當妳主動問起，他是否敷衍跳過或轉移話題
妳是否因他說妳「特別」而更投入關係？			情緒上更依賴、開始幻想未來劇本等
妳是否發現他說的溫柔話語，行動上從未落實？			例如從未出現於他日常圈中、不見於他社群痕跡等

第五節
他會聽我哭、陪我聊，卻不願說我是什麼

情緒上的陪伴，不代表關係的承認

我哭的時候，他都會在。

我失眠、焦慮、剛下班被主管罵，他總是第一個傳訊息來安慰我。他說：「不要怕，有我在。」那聲音低穩溫柔，我一聽就心軟。我告訴自己，他是真的在乎我的。因為他比我朋友更及時，總在我最需要的時候出現，比任何人都理解我。

我們像戀人，卻從不談戀人。

我試過問他：「如果有人問我們是什麼關係，你會怎麼回答？」他說：「我們現在這樣不是很好嗎？為什麼非得要貼標籤？」

這句話，我一開始聽不懂，後來我努力說服自己：「也許他受過傷，害怕承諾。」可是時間久了，我才明白，他不是不敢說，他是不想說，因為只要不說清楚，就不用負責。

這段關係，裡裡外外只有一個人全力以赴，就是我。

我哭，他安慰我；我快樂，他陪我分享；我無助，他願意陪聊。但當我問到他：「我們有可能嗎？」他卻立刻轉移話題。他聽得懂我所有的情緒，卻裝作聽不見我的期待。

他給我的是情緒上的回應，不是關係上的定位。

情緒投入≠關係承諾：虛假親密的心理作用

許多人誤以為，只要一段互動裡有陪伴、有安慰、有共鳴，那就是愛情——其實不然。

約翰・卡喬波（J. T. Cacioppo）與威廉・派屈克（William Patrick）合著的書《孤獨》（*Loneliness*）指出，人類在面對孤獨時傾向於與能提供情緒回應的人產生短暫連結，即使這段連結不具備明確承諾或行為結構，也會誤以為這是一段穩定關係。

對方願意為妳提供情緒上的支持、傾聽、陪伴，卻在妳試圖將這段關係具體化時撤退。妳會感覺他「很愛妳」、「非常在乎妳」，但妳永遠得不到一句明確的定位與認同。

這種模式非常容易讓人上癮，因為它結合了三種心理機制：

- 他有時熱情、有時忽冷忽熱，讓妳持續期待與焦慮，形成情緒綁定。
- 妳開始替他想理由、猜動機、解釋沉默，把自己的期望安插進他的曖昧裡。
- 妳把這段關係當作自我價值的證明：他懂妳、聽妳、安慰妳，所以妳一定很特別。

但事實上，他也可能同時對三個人這樣做，只要那三個人都不逼他表態。

「聽妳說」不是愛妳，是他剛好無聊，也剛好擅長回應

許多女性在經歷情緒性互動後會產生「我們之間一定不只是朋友」的錯覺。因為男性朋友不會深夜接妳電話、不會陪妳聊過去創傷、不會說出「妳讓我感覺有安全感」這類話。但對某些人來說，這樣的行為其實只是他們的情緒習慣，與愛無關。

根據心理學者魯賓（Zick Rubin）的「愛與喜歡量表（Rubin's love-like scale）」，愛情成分有三種：

- 關懷（caring）：把別人的需求和感受看得跟自己的一樣重要
- 依附（attachment）：希望可以被關心、被認同和與他人實際接觸
- 親密（intimacy）：互相分享感受與想法

而情緒性陪伴者通常只符合第一項。他可以傾聽妳、接住妳，但他不會想要和妳建立關係，更不會納妳入未來。他甚至連把妳介紹給朋友都覺得麻煩，因為那會改變他與妳之間「不清不楚但很好掌控」的關係。

他不說妳是誰，是因為他不想讓妳變成什麼

「我們這樣不是很好嗎？」這句話本身，就是關係中最強的逃避工具。

他用這句話避免進一步承諾，用「現在很好」擋掉妳對未來的期待，用「不要破壞這段美好」轉移妳對關係確認的需求。

從關係策略角度來看，這是一種模糊維持，它的運作方式是：

一，他讓妳在情緒上產生黏著與依賴；

二，他不讓妳確定身分，避免背負義務與責任；

三，一旦妳質疑關係，他就給妳更多溫柔與傾聽，讓妳不忍離開。

這樣的操作讓妳逐漸失去對關係的判斷力。妳不再問：「我是不是被愛？」而是問：「我還能再等等嗎？」

不被定義的感情，是最危險的自我吞噬

當一段關係只能存在於情緒的交流與私密的陪伴中，卻無法被正面承認或公開定位，那麼妳所愛的其實不是這個人，而是「他讓妳感覺到自己值得被愛」的那個角色。

真正愛妳的人，不會讓妳在他的世界裡找不到自己的位置。他不會讓妳懷疑、讓妳猜測、讓妳苦等。他會說：「妳是我的人。」而不是說：「別想太多。」

妳要問的從來不是：「他是不是怕受傷？」而是：「我是否值得一段公開且穩定的愛？」

因為只有真愛，才會給妳名字。虛假關係，只會讓妳躲在角色後面，永遠沒資格登場。

情緒性關係真實度自我檢測表

評估項目	是／否	發生頻率	備注說明
對方是否經常接住妳的情緒需求？			包含安慰、傾聽、陪聊等行為
他是否願意回答「我們是什麼關係」？			包括面對面或通訊中的反應
他是否曾主動將妳介紹給他朋友或家人？			如有參與其社交圈、聚會等
他是否迴避所有與未來相關的話題？			包括旅行、見面、穩定交往等計畫
當妳表達疑惑時，他是否用溫柔回應取代具體說明？			例如說「妳想太多」、「我現在沒辦法」等
妳是否常因為他不明確的態度感到焦慮？			包含反覆思考、情緒依賴與自責等行為

第六節　他不是戀愛中，他只是在消磨孤單

他出現時妳以為是開始，其實他只是打發一段空窗

他加我好友的那天，是他剛失戀一週。他主動私訊說：「最近心情很亂，妳有時間聊聊嗎？」我原本不太認識他，但看到他

語氣那麼低落，還有點覺得「他信任我吧」。於是我們開始聊。從第一晚起，每天晚上他都會主動聯絡我，一開始只是聊聊日常，後來開始聊到人生的孤單、愛情的失望、家庭的不理解。

他說：「我不是要找替代品，但和妳講話很舒服，終於可以不用偽裝。」

這句話聽起來讓人心疼，也讓我相信我不是那個「下一個」，而是那個「不一樣的人」。

我甚至覺得，這段關係不是誰先追誰，而是我們剛好在同一個寂寞的時區，靈魂不小心交會了。

可惜，後來的每一件事，都證明他只是暫時選擇我來陪他度過一段沒有人的時光。

他會陪我通電話，但永遠是他需要的時候。

他說我懂他，可是我一說出自己想法，他就說我「太有期待」。

他會傳訊息說「晚安，今天有妳陪真好」，卻在我提出想進一步時消失一週。

那一週他消失，我第一次焦慮到吃不下飯。直到他回我訊息說：「對不起，我只是想一個人靜一靜。」我放下手機的那一刻才明白，他不是不回我，是因為我不再是他寂寞中的首選。

妳可能會說：「可是他對妳那麼溫柔，不可能不在乎。」但我現在知道，他不是愛上我，他只是剛好空虛、剛好我在線上，而且剛好我願意無條件聽他說話、不計較他給不給回應。

他從來不是戀愛中，他只是在時間的過場裡挑了一個人來分擔空位。

孤單不是愛的催化劑，而是依賴的假藉口

在親密關係心理學中，存在一種常見卻常被誤解的情境：孤單驅動式親密建立。

這類關係的起始點不是吸引，不是選擇，更不是命定，而是來自一方的心理匱乏。尤其在人剛經歷失戀、轉職、人生低潮期時，內心的歸屬需求會急遽升高。此時，他可能不是在尋找一段穩定關係，而是在尋找一個能夠快速填補空缺感的暫時安慰機制。

這時候，任何一個願意傾聽、不急著要求、不逼迫承諾的對象，都可能被他選為「情緒伴侶」。

妳被選上，並不代表妳比其他人特別。妳只是剛好適合他這段時期的心理需求。

妳夠溫柔、夠懂事、夠不多問。妳不要求標籤，不要求進度，也不要求公開。妳就像一個安靜的加油站，他疲憊時可以停靠，但從未打算長期停留。

這類「情緒性空窗戀情」往往讓人陷入更深的自我否定與情感耗損，因為對方並未給出任何實質性的回報，卻不斷回收妳的心力、注意力與情緒能量。

他不是不愛妳，是他根本沒在打算愛任何人

很多人問：「他那麼溫柔、那麼在乎我的感受，難道都是假的嗎？」

這問題的答案很殘酷：不全是假的，但也不全是真的。

他的溫柔是真的，當下那刻他可能真的很想靠近妳。

但他的靠近，不是為了長遠關係，而是為了自我舒緩。他需要一個能夠陪他過渡的人，妳剛好在線上，他剛好有空，於是你們成了一段半吊子的親密。

這種人不會說謊，但永遠模糊。他不承諾、不給定義，甚至會說：「我不想傷害妳，所以我不會答應什麼。」這種說法看起來有責任感，其實是他早已看清自己不想愛、也不打算開始，只是用妳來讓自己不要那麼孤單。

戀情裡最危險的，就是對方沒有打算開始，而妳已經全心投入

有一種關係最令人痛苦：他從未說愛妳，但妳已經當作戀人看待他。

他只是陪妳幾次，妳就以為他會留在未來。妳太快把他的好當成方向，而他從頭到尾只是來借個過夜的休息站。

根據行為心理學中「親密錯覺（illusion of closeness）」的研

究顯示，持續性的對話與情緒性回應容易在大腦中產生「親密等同關係」的錯誤訊號。換句話說，妳越常與他互動、越深度談心，就越容易自動把他納入「關係想像」之中，即便對方從未定義過妳的位置。

而妳一旦將這份想像擴大到未來，妳就會開始陷入單向投資的戀愛幻象中。妳會做出過度回應、情緒過度敏感、壓抑自我邊界去配合他的一切行為，因為妳相信這段關係只是「還沒開始」，不是「不會開始」。

但事實是，他從沒要開始。妳才剛起跑，他早就決定這場比賽不會有終點。

如果他總是在需要時出現，
妳就不是戀人，妳是功能型陪伴

他沒有穩定聯絡妳，只在他難過或無聊時才出現。

他不主動安排見面，只在妳提起時說「再看看」。

他不拒絕妳，但也不給妳身分。

妳以為他在愛妳，但他只是在善用妳的善良與等待。

這類關係的角色設計只是情緒功能型陪伴。妳的任務不是被愛，而是協助他度過一段空虛期。妳是他的故事背景，不是主線；妳是填空題的答案，但不是那篇文章的標題。

如果妳開始懷疑，這段關係就值得結束

愛是很清楚的東西。真正愛妳的人，不會讓妳在懷疑中自我消耗。

真正的關係，不會讓妳一次又一次問：「他是不是真的把我當一回事？」

當妳懷疑他是否愛妳、是否看重妳，那幾乎就已經是答案。因為被愛的人，不需要問。

過渡型戀情警訊評估表

評估項目	是／否	最近發生次數	備注
他是否只在情緒低落或無聊時主動聯絡？			不含日常穩定互動
他是否從未主動安排見面或未來計畫？			包含旅遊、節日、生日等
他是否曾明確表示「現在不想談感情」？			包括「還沒準備好」、「我不想妳受傷」等
當妳談到關係定位時，他是否避重就輕？			包括轉移話題、模糊回答
妳是否常感覺被利用但又說服自己忍耐？			自我內耗、反覆自責、擔心失去

評估項目	是／否	最近發生次數	備注
他是否曾明說妳「不是替代品」，但行為上無專屬性？			例如語言重視但行為冷淡

第二章
他已婚，
但妳以為妳是例外

第一節
他說婚姻只是殼，靈魂是跟我在一起的

當他說「我是他靈魂的伴侶」時，我以為我擁有了他全部的愛

我們第一次見面，是在一次跨領域論壇上。他是主講人之一，談的是企業轉型與人的關係。我被他的談吐吸引，也被他一種近乎哀傷的沉靜氣質打動。論壇結束後，我加了他的聯絡方式，想著也許有機會合作，但從來沒想過會發展出感情。

真正的轉折，是從他主動私訊那天開始。他說：「那天我看妳一直專注聽我說話，有一種很久沒有的被理解的感覺。」

我當下只是覺得被稱讚，但後來的互動越來越頻繁，他在訊息裡分享他工作的困境、婚姻的瓶頸、孩子的成長壓力。他說他婚姻裡早就沒愛了，太太像是長期共事的夥伴，孩子則是維持這段關係的唯一理由。

他說得不痛不癢，但句句都像是在提醒我：他只剩下責任，沒有愛情。

他說：「妳跟她完全不一樣，她不懂我的世界，妳一開口我就知道，我靈魂可以跟妳對話。」

這句話讓我崩潰地愛上了他。因為我以為，能碰到一個靈魂契合的人，是比任何名分都難得的事。我們沒有立刻發生什

麼，但訊息裡的對話與情感連結，早已遠遠超過曖昧。當他說他看著我簡訊的時候有呼吸的節奏感，那一刻我覺得自己就是他灰色生活中的一絲光。

我從沒想過搶走別人的老公，但我相信，如果他真正愛我，他總有一天會為了我們勇敢。

他沒說離婚，也沒說不離，只說：「現在時機還不對。」我不斷幫他找理由，告訴自己：「如果我是他生命裡唯一的光，他怎麼可能不願意走出那段黑暗？」

直到後來我才明白，他不是看不見我，而是他從頭到尾都打算讓我只活在靈魂裡，不進入他的現實裡。

靈魂伴侶的說法，是一種讓妳甘願等待的心理綁定

「我和妳是靈魂的連結，妳懂我的每一層。」

這類說法在關係裡具有極大的心理控制效果，因為它沒有實體承諾，卻創造了情感壓倒性的深刻感。這種互動為高度抽象連結說服。它不需透過行動驗證，只要靠語言的意象構築，就能讓人產生強烈的情緒歸屬。

當一個男人說他的婚姻「只是殼」，他正在運用一種典型的語意二元操作邏輯。這裡的「殼」意指外在形式，而「靈魂」代表內在真實。他要妳相信，雖然他身體在家庭，但心與妳同在。這是

一種道德迴避式戀情策略，讓他在繼續保有婚姻結構的同時，也取得另一段感情的安慰與輸出空間，且不必承擔社會道德的全部壓力，因為他從沒真正說過「我會離開」。

他用「我是被困住的，但心是自由的」這類語言，把自己的責任模糊化，把妳的期待合理化，讓妳在良心掙扎與自我犧牲之間，仍然甘願留下來，成為他的深夜訊息與祕密情緒轉運站。

這段關係裡，最危險的是妳不是他的情婦，也不是他的情人，而是他慾望與責任之間的緩衝裝置。

他說婚姻是空殼，但他永遠沒有打算丟掉那個殼

很多人會問：「如果他真的不愛他的太太，為什麼還不離婚？」

答案通常都很簡單，因為離婚要付代價，而這段關係沒有義務。

在經濟學裡，這叫做低成本高報酬的情緒配置策略。他在妳這裡獲得傾聽、理解、性與愛的滋養，但無需放棄任何現有資源。他維持著社會身分、家庭關係、親子形象，同時還能擁有另一段「自由之愛」。

他的婚姻從不是被壓迫的殼，而是他主動選擇不放手的穩定結構。妳所扮演的角色，並不是要取代什麼，而是讓他在既有殼之外擁有更柔軟的情緒通道。

妳的存在對他來說重要嗎？當然重要，否則他不會願意談心、不會花時間經營、不會說那些讓人心碎又心動的話。可是重要，不等於會被給予名分。

因為對他來說，妳不能見光，才能維持他人生結構的平衡。

他把妳放進靈魂裡，是為了永遠不讓妳進入現實生活

這種所謂的「靈魂契合論」，本質上是一種關係的去實體化操作。

它的語言特點是高情緒、高抽象、低實踐。例如：

- 「我們這樣靜靜的陪伴就很好」
- 「我從來沒對誰這麼敞開過」
- 「我們不需要別人理解，我們自己知道就夠了」

這些話聽起來像詩，實際上就是一種溫柔版的拒絕行為責任承擔的措辭。它們建立在一種脆弱且極度不對等的結構上：妳給的是時間、情緒與等待，他給的是語言、投射與不確定性。

在妳想靠近他的時候，他會說：「這樣不是很好嗎？為什麼要破壞這份純粹？」他要的不是戀愛關係，而是情緒上的豁免權與道德上的正當性。

因為一旦妳變成他的現實伴侶，他就必須面對選擇與責任，而那恰恰是他最怕的事。

他不是選擇妳，
是選擇一種他不用承擔後果的陪伴

最終妳會發現，這段戀情的本質不是三角關係，而是妳和他的幻想之間的拔河。妳相信他愛妳勝過一切，他卻只是把妳放在他安全邊界以內的那塊區域裡。

他不是選擇妳，而是選擇讓自己在無需改變現狀的前提下，享受被理解與被依賴的角色感。妳給了他被需要的尊嚴與被崇拜的快感，而妳換到的，不是愛，而是一種永遠無法抵達的模糊地位。

他說婚姻只是殼，妳以為妳是靈魂，
實際上妳只是保溫袋

婚姻不是空殼，是他選擇維護的堡壘。妳不是他的靈魂伴侶，而是他用來裝載孤單、焦慮、逃避與激情的情緒容器。妳維持他的熱度，但他從未想讓妳真正進到他的生活裡。

當一個人總是說他心在妳這裡，卻從不把身體、承諾與行動交給妳，那麼妳就該問自己：我真的要繼續相信一個只敢用「靈魂」來愛我的人嗎？

靈魂戀人說法的現實性自我辨識工具表

評估項目	是／否	發生次數	備注
他是否曾說婚姻只是形式、家庭只是責任？			含「殼」、「制度」、「為了孩子」等語言
他是否主動談過離婚，但從未有實質行動？			包含「還不是時候」、「不想傷害太多人」等理由
他是否只談情感深度，不談實際安排？			含拒絕公開、避談生活整合等
妳是否無法接觸到他家庭、朋友、日常社交圈？			包括拒見面、拒見孩子或另一半
他是否強調妳與他人的不同，但不願給名分？			包含「妳特別」、「只有妳懂我」等語言
妳是否常陷入等待、合理化與自我懷疑中？			包含「他是不是為了我難過」、「是不是我太急」等念頭

第二節
他說不能離婚是為了小孩，卻從不讓我見小孩

他口中的「為了孩子」，究竟是責任還是藉口？

「我最放心不下的是小孩。」

他這樣對我說的時候，眼神像是泛著一點無奈。他說自己

不是不愛我，而是身為父親，不能那麼自私。他說：「如果我離婚，小孩的生活會全被打亂。她還小，不能沒有爸爸。」

我聽了鼻頭一酸。不是感動，而是更愛他了 —— 一個願意為家庭犧牲自己幸福的男人，我怎麼會忍心再給他壓力？

那段時間，他常在深夜打電話給我，說他剛哄孩子睡覺、工作完拖著疲累身體坐在陽臺上抽菸。他說：「有妳陪著，我才能喘口氣。」我用盡全力安撫他，做一個溫柔又體貼的情緒依靠。他說我讓他覺得這個世界還有希望。

我開始把自己定位成他「第二個家」的守護者。即使他說得很清楚：「我不能離婚，至少現在不能。」我也甘願等，等他孩子長大、等婚姻自然走到盡頭，等他哪天真的勇敢面對自己的內心。

但我越來越發現，這個「孩子」從來只是他的說詞。

我提過好幾次：「既然我們這麼親密，有一天能不能讓我看看她的照片？」他說：「她還小，我不想把她捲進來。」

我再問：「你有跟她提過我嗎？」他說：「她還太天真，我不想讓她對人性感到失望。」

他從來沒有提過孩子的名字、學校，甚至年齡都講得模糊不清。我開始懷疑，那個讓我「理解不能離婚」的孩子，是不是只是他用來維持現狀的道德護身符。

當我一次又一次被拒於他的生活之外，我才明白，他不是放不下孩子，而是從來沒打算讓我進入他的世界。

「為了小孩」是最方便也最不容質疑的說法

在所有婚外情的關係裡，「孩子」是一張不容懷疑的王牌。因為一旦妳質疑，就等於妳不體貼、不善解人意、不配做一個理解他的女人。

「我不能離婚，是因為孩子還太小。」

「我真的很想選擇自己，但我不能讓她受傷。」

「等她長大一點，我就會處理這一切。」

這些話在道德上站得住腳，在情感上更容易讓人動容。他用孩子擋住了妳追問的權利，也順便鞏固了妳自我犧牲的正當性。妳會說服自己：「他不是不愛我，他只是有責任在身。」

然後妳會主動延後自己的需求，把愛變得更低調、更寬容、更無條件。

心理學家維吉尼亞．戈德納（Virginia Goldner）在研究家庭關係與戀愛中斷交結構時指出，當一段關係中的一方無法做出改變選擇時，往往會找出一個道德性強、高難度反駁的第三方理由。孩子就是最常見的那個理由。

因為只要他說「孩子還太小」，妳就不好再問下去。因為妳不想當那個不體貼的女人，甚至會覺得：「他連孩子都放不下，怎麼可能是個壞人？」

但妳是否有想過，如果孩子真的重要，他為什麼還要騙他的家庭來經營另一段關係？

如果孩子是他的人生核心，他為何要讓孩子的父親成為一個在感情上說謊的人？

答案是，他不是不能失去孩子。他只是不想失去現在什麼都有的局面。

他從沒讓妳進入他的生活，卻讓妳全心進入他的未來

「等孩子再大一點吧，妳願意等我嗎？」

這是他在一次我們爭執後說的話。我當下哭了，心想：「至少他說會等我。」

我沒發現的是，他從未提供任何一個具體的時間表。

他沒說「等國小畢業」或「等她考上高中」，他只是說：「等她長大。」

而孩子的成長，就是一個永遠可以延長的理由。只要妳願意等，他就能不改變現狀，持續擁有妳。

他用未來的不確定承諾交換妳當下的實際付出，卻不需要保證任何實質報酬。他是談判裡的受益者，而妳是無條件信任方。

妳給他情緒支持、身體溫暖、理解與等待，他卻只給妳「我會盡力」這樣一個連期票都算不上的承諾。

妳是被他當成避風港，不是生活的一部分

當妳發現他不讓妳知道孩子的名字、不讓妳知道家裡住哪裡、不讓妳參與任何一個日常環節時，請妳停下來思考：

他真的只是在保護孩子嗎？

還是他其實從沒打算讓妳踏進他的生活範圍？

如果他真的把妳視為未來的重要關係，即便短期內不能讓妳參與孩子的生活，他也會給妳一個具體的時間線與願景。真正的愛，不會讓人永遠站在生活邊緣。

他一邊說：「我不能沒有妳。」

一邊說：「但我也不能讓妳進入我的現實。」

那妳就不是戀人，而是他的情緒安置中心。當他下班後需要紓壓，當他與妻子關係冷淡時，他就會來找妳。妳為他開門、為他開心，但他始終只把妳當成臨時落腳的場所，而不是家。

他不是為了孩子留在婚姻裡，
而是為了讓自己不失去任何人

最終，這段關係的殘酷點不在於妳有沒有被愛，而在於妳從未被打算納入人生規劃。

他留在婚姻中不是為了愛，不是為了孩子，而是因為那裡有穩定、有熟悉、有社會認可。

而妳給他的，是激情、情緒出口與不被責難的另一種親密形式。他都要，兩邊都不放。

如果妳永遠看不到他口中的「孩子」，那妳只是他構築謊言的觀眾

別再被那句「不能離婚是為了孩子」困住。

孩子也許存在，也許不存在。真正的問題是，他是否真心讓妳成為他的人生規畫一環，還是只把妳當成他維持現狀的情緒補丁。

他口中的孩子也許只是他的劇情設定，而妳則是那齣戲裡永遠等不到正式登場的角色。

以孩子為理由的戀情真實性自我評估表

評估項目	是／否	發生次數	備注
他是否以孩子為由明確表示無法離婚？			包含「怕傷孩子」、「孩子還小」等語言
他是否願意談論孩子的實際情況與成長背景？			包含姓名、學校、生活瑣事等
他是否曾主動讓妳看孩子的照片或分享孩子生活？			包含視訊、社群內容、親子活動紀錄
他是否明確排除妳進入他與孩子共同生活的可能？			包括「她不適合知道妳的存在」等說法

評估項目	是／否	發生次數	備注
他是否設定過具體時間表來處理婚姻？			例如「一年後離婚」、「等孩子考完試」等明確條件
妳是否在這段關係中感受到持續的延遲與模糊？			包含自己內心的等待、懷疑與自我消耗

第三節
他在我面前說不愛她，在她面前說我只是朋友

他說的每一句真心話，
可能在別人面前都有版本更新

「我跟她早就沒感情了。」

這句話，是我們交往第二個月時他說的。他的語氣平靜，像是在敘述一段被時間吞噬的往事。他說，他們之間只剩下責任，沒有愛情，生活就像室友，各忙各的，無關痛癢。他說他只是還沒有走出婚姻，是因為小孩，因為財產，因為雙方家族牽連，絕不是因為愛。

我聽了，反而心裡有一種隱隱的驕傲。因為我以為，我是他人生裡「從不主動去愛，卻忍不住為之破例」的存在。

有次我們一起吃飯，他手機螢幕亮了，是他太太傳來的訊息，問他：「週六爸媽聚餐記得來喔。」我問他：「她還常這樣傳訊息嗎？」

他苦笑說：「她沒別的意思，純粹例行公事。」

我相信了，甚至開始心疼他。

直到某天，我無意間看見他社群帳號上一張合照，地點是我認得的咖啡廳，是我們第一次牽手的地方。但照片裡，是他太太坐在他身旁，神情自然，配文寫著：「陪妳聊天的下午，是日常裡最奢侈的浪漫。」

我愣在原地，不敢相信那是出自他口的形容詞。那句話，我記得他也說過，只是對象換成了我。

我像是突然看見自己被編進兩段劇本的副本角色。他對我說他們沒感情，對她說我只是朋友。他在我面前批判她冷漠，轉身又在她面前形容我「只是公司認識的女性朋友，很有想法、但互動不多。」

我想起他曾經說過：「我很怕傷害別人。」

現在我明白了，他怕的不是傷害，而是暴露自己同時對兩邊都說謊的現實。

「她不知道妳的存在，是因為我想保護妳」的背後，是誰被保護？

婚外關係最經典的情境之一，就是當妳發現妳不只是祕密情人，更是從未在另一半生活中存在過的隱形人。

他告訴妳，太太是個控制欲強的人，所以不能讓她知道妳的存在；他說他不想讓她抓狂、難過、無理取鬧，這樣只會把妳拖進麻煩。他說這一切都是「為了保護妳」，所以妳應該乖一點、忍一下、體諒他。

但妳是否想過，保護的真正受益人其實是他自己？

因為只要妳不出聲，他就可以繼續在她面前維持「穩重先生」、「家庭好男人」、「負責父親」的形象；而妳，則被永遠藏在那段謊言的邊緣，既不能進入，也不能離開。

他不讓她知道妳的存在，因為妳的出現會揭穿他的假面。他要保護的不是妳，而是自己的兩面人生。他對妳說實話，是為了取信；對她說謊話，是為了不失去。而妳，恰恰就是那個最容易被犧牲的角色。

當他說「不愛她」，但行為上仍樣樣配合，她從來都不是過去式

妳想知道一個男人是否真的與妻子沒有情感，不要聽他怎麼說，要看他怎麼做。

如果他真的與她沒有感情，為什麼她還會發限時動態標記他？

如果他真的與她冷淡，為什麼他還會陪她參加家庭聚會、慶生、看演唱會？

如果他真的想離婚，為什麼每次都推說「再等等」？

一方面他享受與妳之間的親密關係與心理慰藉，一方面又無法放棄原配所提供的家庭穩定、社會認可與道德位置。

於是，他在妳面前貶低她的存在感，營造妳是例外；在她面前則否認妳的影響力，維持自己的名聲與秩序。

這種行為不是感情的過渡期，而是他刻意建構出來的雙面結構。他不只在經營兩段關係，更是在控制兩邊的「資訊版本」。

他讓妳覺得妳是愛的主線，
卻永遠只讓妳活在支線劇情裡

妳以為妳是他心裡真正愛的人，所以妳願意為這段地下戀情忍耐。妳不在乎不能公開，不在乎被隱藏，只要他說「我心在妳那裡」，妳就繼續投入。

但時間久了妳會發現，妳只存在於他願意讓妳出現的劇情段落裡。他從不帶妳見朋友，從不讓妳參與他的生活，甚至一張合照都沒給過妳。

妳說：「我們這樣算什麼？」他說：「我們是彼此靈魂最靠近的人。」

妳問：「她知道我的存在嗎？」他說：「我不想她傷害妳。」

妳以為這是深情的保護，其實這是最典型的去責任化管理模式。

他讓妳活在想像裡，把妳餵得剛剛好，不餓，但也永遠不飽。他的策略是讓妳願意忍耐，並相信「再等等」就會換來「更好」。

但事實是，妳等不到劇情翻轉的那天。因為妳不是劇本裡的主角，而是他設計來填補空白的靈感來源。

他不是不愛她，
而是想要在不放棄她的前提下也得到妳

最終，妳會發現，那些妳以為是坦白的情緒，其實只是他的情感操作工具。

他用「我不愛她了」獲得妳的同情與理解，用「她不知道妳」保護他的表面生活，用「我怕妳受傷」壓制妳提出正當的質疑。

妳為了他犧牲一切，他卻沒有捨棄任何東西。

他要妳為他等、為他忍，甚至為他愛得沒有身分，但妳從來沒得到應得的分量。妳只是他的情緒分身，而他，是完整地活在兩邊世界的雙面人。

雙面人生型伴侶辨識與現實程度評估表

評估項目	是／否	發生頻率	備注說明
他是否明確對妳說過「我不愛她」等語句？			包含情緒性語言如「她不了解我」等
他是否避免讓她知道妳的存在？			包含不公開、不留痕跡、不讓妳留言等
他是否在社群上仍保留夫妻形象或活動？			包括節慶合照、家庭活動分享等
他是否曾否認你們的關係或弱化其存在？			對外表達妳只是朋友、同事等模糊定義
他是否常說「為了避免麻煩」作為掩飾理由？			包括避免衝突、怕她傷心等迴避說法
妳是否發現他在不同對象面前使用不同版本的劇情？			包括語言重複、對白熟悉、劇本雷同等

第四節　他讓我等，卻從不說期限

「再給我一點時間」，
妳以為他在努力，其實他只是在拖

「再給我一點時間，好嗎？」

這是我們認識半年後，他第十次說的話。每次我試探地問：

「你什麼時候能處理好婚姻的事？」他總是用一樣的語氣，一樣的語調，說：「我知道妳很委屈，但這件事沒那麼簡單。」

我不是沒想過逼他。

我甚至設下過「兩個月內沒行動就分手」這種自我催眠式的時限，但每次只要他用低沉的聲音對我說：「我最近真的很累，妳再等等我好嗎？」我就心軟了。

我害怕我變成壓力，害怕我像他口中的「她」那樣要求太多，我不想當那個「逼走他的人」，於是我選擇再等，然後繼續等。

我等他回應我的訊息，我等他過節空出時間見我，我等他發一張不帶婚戒的照片，我等他哪天說出：「我已經準備好了，妳願意和我走嗎？」

但我等來的，是他一次又一次的疲憊與沉默。

他說孩子需要他，事業正關鍵，家庭局勢敏感。他的每一個理由都看起來像是「忍一時之後會雨過天晴」的預告，但實際上根本沒有安排好什麼，他只是把時間變成緩兵之計，把等待變成他的逃避戰術。

等到最後，我開始懷疑，我不是在等他改變，我是用等待來說服自己不要放棄。

不說期限的承諾，是最溫柔也最危險的騙局

妳不是不理智，而是他給妳的話語實在太有誤導性。

「我也很痛苦。」

「我不想這樣拖著妳。」

「再給我一點時間，我會處理好的。」

「我們會有未來，只是現在還不是時候。」

這些話的特點在於它們具有極高的情緒價值，但極低的執行力。

它們像是愛情的催化劑，讓妳覺得他正在努力，正在想辦法，正在為妳奔走，但妳卻看不到任何實質行動。說這些話的目的不是為了解決問題，而是讓妳暫時打消對現狀的不滿情緒。

他的策略不是說謊，而是不說。他不是騙妳時間點，而是根本不設定時間點。這種策略讓妳不容易生氣，因為妳無從判斷他到底有沒有失約。妳只能一直懷抱一種「快了」、「快了」、「快了吧」的期待。

而妳也從主動追求改變，變成主動參與延遲的共犯。

他不是沒時間處理，而是沒打算處理

妳以為他卡在一個複雜的局面裡，每天為孩子、家庭、工作疲於奔命，才沒空面對自己的情感需求。但事實是，一個真正想離開的人，哪怕沒空，也會創造機會開始行動。

他不是沒時間處理婚姻，而是他不願為這段感情承擔失去其他東西的代價。他很清楚，一旦離婚，他會面對：

- 財務重整
- 社會觀感壓力
- 父母輩的質疑
- 子女關係的動盪
- 以及可能失去的安穩生活框架

但妳，只是他的感情寄託與心理緩衝。妳不是他生活的主幹，他根本沒有打算為妳付出代價。

這不是他沒準備好，而是他早就做好準備，要讓妳永遠站在等待那一端。

妳說他沒選擇，其實他早就選擇好了——選擇保留所有好處，不放棄任何人

在戀愛策略與情緒投資中，這種「模糊承諾型關係」的關鍵手段是：穩定地給妳情緒回報，卻永遠不進入實際改變階段。

妳會發現他：

- 永遠說「我對不起妳」，但從不說「我決定了」
- 永遠說「我很珍惜妳」，但從不說「我要公開妳」
- 永遠說「我們會有未來」，但從不說「從什麼時候開始」

這樣的話語，其實是一種情緒性的「存款利息」，妳被這些語言撐住，繼續投入時間與信任，而他則利用這些語言利息讓

妳自我延長等待期限。

久而久之，妳的判斷力被消耗殆盡，妳甚至會開始幫他編故事，合理化他的拖延：「他是有壓力的」、「他真的很難」、「他沒那麼壞」。

妳活得很痛苦，但只要他回一次訊息，哪怕只說一句：「這幾天太累，沒空聯絡，妳還好嗎？」妳又會瞬間復活，覺得自己還是重要的。

妳不是在等他的愛，是在拖延自己醒來的時間

真正的問題不是他什麼時候會離婚，而是妳什麼時候願意面對他從沒要離婚的事實。

妳不是在等他做出決定，而是在害怕自己做決定。

妳以為放棄他是自我失敗的證明，但事實是，妳放棄的是對方對妳不公平的利用。

妳的等待沒有錯，錯的是妳讓他主導這段等待的節奏。

愛情不是賽跑，更不是排隊。當妳發現自己一直在等待一個沒有期限的承諾，那不是愛，那是一種自我犧牲與自我殘忍的循環。

主題：模糊承諾與拖延戰術關係自我評估表

評估項目	是／否	最近一次發生	備注說明
他是否曾說過「再給我一點時間」這類話語？			包括「現在時機不對」、「我會處理」等
他是否從不給具體離婚時間表或行動計畫？			無「何時談、何時搬出、何時申請」等具體安排
他是否每次妳想離開時都加倍溫柔挽留？			包含語音、深情對話、承諾但無改變
妳是否發現自己開始習慣等待、習慣不確定？			包括停止追問、減少情緒表達等行為
他是否仍參與家庭生活、親子活動而不排除自己？			保持家庭形象、未讓妻小知情等
妳是否反覆說服自己「再等一下看看」？			心中有期限但一直延後，不願割捨

第五節
他說我救了他，但他從沒打算放我自由

他說「有妳我才能撐下去」，我以為那是愛

那天他喝醉了，打給我，聲音沙啞、語氣低沉，說：「我真的快撐不下去了，是妳讓我還願意相信這個世界有一點溫暖。」

我當下眼眶泛紅，心裡像打開了一道門。他從沒對任何人說過這樣的話，我相信我是他最信任的人，甚至是他人生黑暗時期裡唯一的一盞燈。

之後他常對我說：「妳讓我覺得我還值得被愛」、「妳比任何人都懂我」、「妳讓我重新看見自己的樣子」。每一句話我都聽進去了，並且一一收藏。我不是一時的慰藉，我是他的重生，我這樣告訴自己。

我為了他放棄和其他人的約會，不再開放自己的情感可能性。我甚至覺得，他不離婚也沒關係，只要能在他生命裡占有這個「靈魂守護者」的角色，那也是一種愛的形式。

但我慢慢發現，我不是自由的。

他沒有限制我說話，沒有禁止我交朋友，但他的語氣裡常出現一種若有似無的要求。

我說今天和幾個朋友吃飯，他說：「妳是不是最近開始不需要我了？」

我說最近工作忙，他說：「妳是不是覺得我太麻煩，想慢慢淡掉？」

他沒有責怪我，卻讓我每次想做自己的事時，都有一種莫名的內疚。

我才明白，他不是感謝我救了他，他是讓我習慣成為他的支撐點，然後不讓我離開。

他不是愛妳的獨一無二，而是習慣了有人在場

在親密關係中，有一種角色關係叫做情緒監護人。這類關係的特點是，一方把另一方當成情緒支持與心理依附的主要來源，而非真正對等的戀愛對象。

妳在他心中不是女友、伴侶或夥伴，而是一個情緒的基地，他難過時可以來哭，焦慮時可以來傾訴，孤單時可以來靠近，但他從不讓妳擁有關係中的自主權與選擇權。

當妳想稍微拉開距離，他就用溫柔但帶有情緒暗示的語句把妳拉回來。

妳說：「我最近想多花點時間做自己想做的事。」

他說：「我懂妳的需求，我不會占用妳太多，只是妳在的時候，我真的比較不會亂想。」

這不是溫柔，是操控。

他不綁住妳，但妳卻哪裡都去不了。因為妳早就把自己綁在了他的需要裡。

他說是妳救了他，其實他早就習慣妳不敢離開

他的潛臺詞其實是：「妳救了我，所以妳不能丟下我。妳不能讓我回到那個沒有妳的地獄。」

這種敘事會讓妳產生兩種心理反應：

一是自我價值感上升。妳會覺得自己是重要的，是獨一無二的，是他的情緒英雄。這讓妳產生「我不能離開」的動機，因為妳的價值建立在「被他需要」上。

二是道德壓力內化。妳會開始害怕自己一旦抽身，他會再次崩潰。妳不想當「背棄他的人」，於是繼續留下來。

但問題是，他從沒說過「我也會保護妳」、「我也想給妳未來」，他說的只是「妳讓我撐下去」。這不是愛情的雙向互動，而是一種情緒單向供應鏈。

妳不是戀人，是他情緒的專屬看護

他說「我放不下妳」，但從不給妳未來。

他說「我無法想像沒有妳的日子」，但從不問妳的日子過得好不好。

他說「我需要妳」，卻從不思考妳需不需要他。

在這段關係裡，妳成了一個「被需要的存在」，不是「被愛的存在」。妳的價值是來自於他有多麼依賴妳，而不是他願意為妳放下什麼。

他不是不愛妳，他是習慣有妳。

他不是無法放妳自由，他是擔心一旦失去妳，他要自己承擔人生的重量。

這段關係的真正結構，是他在用溫柔與依賴感營造「妳是他的全世界」，但妳其實從沒真正進入過他的世界。

他說妳救了他，卻從沒想過把妳從這段關係裡解放出來

當妳感受到自己越陷越深，越來越無法呼吸時，不妨問自己：

如果我今天轉身離開，他會追上來嗎？還是會默默讓我消失，去尋找下一個可以承接他情緒的人？

真正愛妳的人，不會讓妳變成情緒的奴僕。真正愛妳的人，不會只說「妳讓我撐下去」，而是說「我們一起把生活撐過去」。

愛不是一方救另一方，而是兩個人彼此拉起對方，走向一個更穩定的明天。

情緒依附關係中的自由感評估表

評估項目	是／否	發生頻率	備注說明
他是否常說「妳讓我活下去」、「妳救了我」這類語言？			強調自己痛苦、妳是他唯一出口等
當妳想減少互動或抽離時，他是否以情緒暗示讓妳內疚？			例如「妳是不是不要我了」、「我是不是太依賴妳」等

評估項目	是／否	發生頻率	備注說明
他是否從不問妳的需求，只要求妳理解他？			例如不關心妳的困難與壓力，單方面談自己問題
他是否在日常裡逐漸占據妳越來越多的時間？			含要求即時回訊、每天聯絡、逐步控制空閒時間
妳是否曾為了顧及他的感受而放棄個人計畫？			包含工作安排、人際聚會、自我成長規劃等
妳是否感受到明顯的「不自由」，但不敢說出口？			例如擔心說了他會受傷、會消失、會情緒崩潰

第六節　他不是背叛了她，他是綁架了我

我以為他對她不忠，沒想到是我成了他的人質

我原本以為，在這段不被祝福的戀情中，我是那個「無辜地闖入他人生的人」。

他說他早就和妻子沒有感情了，只是住在同一個屋簷下、為了孩子維持表面和平。他說他從來沒想過會在婚姻以外愛上一個人，但我出現得太剛好，也太深刻，讓他不得不承認，這輩子第一次想為自己活一次。

我當時相信了。

他不是出軌的人，他是被生活困住、被婚姻困住、被社會期待困住的人，而我是那把打開他內心牢房的鑰匙。

於是我一再原諒他不能見我、不能接我電話、不能過節陪我，甚至連我生病住院那次，他也只在訊息裡說：「對不起，我真的抽不開。」

他不是不想陪我，他只是有太多責任要扛。我這樣說服自己。

直到我一次在超商外遇見他與妻子推著嬰兒車走進去，他第一眼看見我，眼神像是驚慌到想找地洞鑽。我站在那裡，他從我面前經過，沒打招呼、沒停下，只對身邊的妻子說：「快點結帳回家吧，孩子快醒了。」

那一刻我才明白，不是他在背叛她，而是他用「愛我」的說詞，困住了我。他從來沒想過選擇我。他只是讓我無法走開，卻從不真正接納我。

背叛不只是對婚姻的違背，
更可能是對妳誠意的踐踏

很多人在婚外情中以為自己是「另一個女人」，是一段錯愛裡的錯誤角色。但事實上，當對方一再承諾卻從不兌現，妳所承受的其實不是「介入」，而是被情感脅持。

他說他愛妳，卻要妳活在祕密裡；他說他選擇妳，卻從不放棄她；他說妳讓他重新看見愛，卻只讓妳看見等待與退讓。

心理學中將這類行為歸類為情緒勒索，是指一方用「愛」為名義對另一方進行不對等的情緒操控，使對方不敢退出、不忍放棄、無力反抗。

妳以為妳是自由戀愛的選擇者，其實妳是被動困在他的語言陷阱與道德帳本裡的人。

他不是沒能力離開，而是有能力讓妳離不開

我們常聽見一句話：「他很可憐，他不敢離婚。」

但我們很少問一句：「妳可不可憐？妳怎麼從來不敢離開？」

他明明可以停止傳訊息，卻每天凌晨報到；他明明可以不說愛妳，卻每天用「我真的只對妳不一樣」綁住妳。

他明明知道自己不會離婚，卻總說：「等我處理好，我一定第一個來找妳。」

這些不是他無法做的事，而是他精準計算妳的情緒承受限度，並調整行為來維持妳對他的依附與期待。

妳不是因為愛他而留下，是因為妳無法承受離開時的失落與自責。

而這種自責，不是自己創造的，而是他一點一滴灌輸妳的。

他讓妳覺得：妳要是不等，就是妳狠；妳要是離開，就是妳背棄了他。

但他從沒背棄妳嗎？他從沒對妳的愛說過謊嗎？

他沒有選擇妳，
卻要求妳為他的選擇承擔所有壓力

愛一個人，不該是用「我現在真的很難」當理由來換取妳的耐心，卻從不給妳一個明確的方向。

在情感倫理，有一個概念叫做責任遞延式親密關係，指的是一方將原本應該共同承擔的關係壓力，全轉移給另一方負擔，而自己則維持既有的生活安排與心理舒適圈。

這種模式下的關係結構會呈現極度不對等：

- 妳在單方面調整時間與情緒配合他，他卻不調整任何東西回應妳；
- 妳必須時時顧慮他的家庭與生活風險，他卻不曾問妳的孤單與失衡；
- 妳對外永遠是無名氏，他卻能對妳要求忠誠與安分。

這不是戀人，是質押合約中的未具名擔保人。

他沒騙她愛過別人，
但他騙了妳有一天會成為他最愛的人

如果有一天妳鼓起勇氣問他：「你為什麼還不離開？」他可能會說：「我沒有準備好」、「我不能讓家庭崩解」、「妳這樣問對我太殘忍了」。

他會讓妳覺得是妳要求太多，是妳太不體諒，是妳破壞了這段「來之不易的感情」。但事實是，他從來都只是在用責任感綁架妳的退路，用懊悔與懦弱當作不選妳的擋箭牌。

妳會以為，是他還沒有勇氣愛妳，其實是他根本沒有意願愛妳，只是讓妳有理由留下來而已。

如果愛他讓妳越來越不像自己，那就不是愛，那是人質交換

妳不再跟朋友見面，怕他不開心；妳不再交新朋友，怕他誤會；妳不再說妳的難過，怕他壓力太大；妳不敢要求過節見面，不敢標記他名字，不敢問他未來。

妳什麼都不敢，卻還說自己愛他。妳早就不是在談戀愛，而是在履行一場沒有名義的贖身條件。

他不是背叛了他的婚姻，他是用愛妳的名義，把妳困在一段無法要求、無法確認、無法結束的關係裡。

情緒勒索式戀情自我評估檢查表

評估項目	是／否	發生頻率	備注說明
他是否常說「是妳讓我重新相信愛」等語句？			訴諸情感負債與個人重生論述
他是否同時要求妳等待、忍耐、不公開？			包含「再等等我」、「我不能讓妳曝光」等語言
他是否在妳想抽身時以痛苦情緒說服妳留下？			如「妳走了我真的會垮」、「妳是我唯一信任的人」等
妳是否在這段關係中逐漸失去與外界的聯繫？			包括人際減少、情緒自我壓抑、活動受限等
他是否從不為妳爭取實質改變，卻讓妳承擔一切情緒？			無具體行動但持續要求妳「懂他」、「陪他」等
妳是否感受到自己被困住，但又難以離開？			包含深層疲憊、反覆說服自己留下來的理由

第三章
權力上他低妳高，情感上妳求他多

第一節　白天我是主管，晚上我像備胎

他叫我學姐、主管、長官，
卻又在深夜訊息裡叫我寶貝

我原本以為，一段從合作開始的關係，能讓彼此更信任、溝通更順暢。我是他的直屬主管，從面試那天起就對他印象很好。反應快、情緒穩、嘴甜但不輕浮，是我那幾年少見的好助理。我給了他不少機會參與跨部門合作案，也推薦他接受公司內部的高潛能人才培訓。

我們的關係開始轉變，是在某次出差結束的晚上。我們搭最後一班高鐵回臺北，車廂安靜得只剩下耳機漏音與窗外的倒影。他突然說：「我覺得我們好像可以談一些工作以外的事了。」

我回頭看他，他的表情沒有過往的禮貌性笑容，而是帶著一種不太確定的認真。那晚之後，我們開始會多講幾句私事，也開始用下班後的時間聊天。後來，他開始傳訊息叫我「晚安喔，我的主管小姐姐」、「今天穿那件洋裝好好看，好像誰的女朋友」。

我承認，我動心了。也許是因為我已經很多年沒談感情，也許是因為我太習慣他在我面前那種既尊敬又依賴的姿態。

我知道這段關係有風險，但我也以為，至少我們在私人時間裡是真實的，是平等的。

直到我發現，我只在夜裡被需要，在白天，他對我的眼神

與語氣比對其他主管還要生分。他刻意不和我多說話，會議上不主動附和我的提案，有同事在場時，他甚至用「高主管」的語氣與我保持距離。

我曾經想過，是不是我哪裡給他壓力太大了。可我回頭想想，我從沒逼他說過一句承諾，也從沒要求他主動表示我們的關係。

是他先讓我靠近的，卻又在白天退開，好像我是他夜裡的戀人，白天的絆腳石。

權力失衡關係下的情感錯位，是最危險的情緒債務

在心理學與職場動力理論中，當一段關係同時涵蓋職權關係與私人情感，最容易出現的問題是「互動角色錯位」。

對於身為主管的妳來說，妳可能希望白天是團隊領導者、晚上是情感對等的戀人。但對於他來說，這兩種角色未必能切割，甚至可能會產生「情緒補償性抗拒」，也就是：他越在妳面前示弱、依賴、親密，他在別人面前越想證明自己不被妳控制。

他會用白天的疏離來平衡晚上對妳的依附。

他會在會議上避開妳的目光，是因為他在情感上覺得自己輸妳太多。

他會刻意對別人否認你們的親密，是因為他在權力結構裡

找不到自己的定位。

這不是因為他不在乎妳，而是因為他無法接受自己「在愛情與職場裡都低妳一階」的現實。

而妳，正是被困在這種雙重結構中的人。妳既要保護他的職場自尊，又要承受被他白天忽視的落差。

這段關係對妳而言，是投入；對他而言，是矛盾。

他不是不愛妳，而是不想被妳定義為「上司」

許多女性主管在戀愛中會面臨一個常見困境：在專業領域中展現領導力，在私人情感中卻被要求溫柔、低姿態、甚至順從。

妳對他好，他會覺得是「主管照顧下屬」；妳嚴厲一點，他又說妳太強勢。

妳提出建議，他覺得被貶低；妳給機會，他懷疑妳動機。

妳想認真談未來，他說妳要得太快；妳只想享受當下，他說妳不夠重視。

這就是在權力不對等關係裡最難調節的部分：妳努力讓自己愛得有節制，他卻時而享受、時而逃避，最後反過來質疑妳的動機與位置。

他不是不愛妳，他是不知道怎麼和一個「比自己更有話語權」的對象談戀愛。他擔心妳在生活中控制他，就像妳在職場上掌控一切。

而這種潛在焦慮，最常見的補償方式就是：在眾人面前裝作毫無關聯，甚至刻意遠離。

妳是他最熟悉的避風港，
但他不敢讓別人知道他靠過這裡

「我們不能影響工作。」

「我不想讓別人覺得我走捷徑。」

「我會努力變得更好，再來配得上妳。」

這些話聽起來是有自覺、很上進，但實際上它們都是一種關係延宕策略。

他不是真的要放手妳，而是不想被別人看見他對妳有依賴。

他不想別人懷疑妳偏袒他、質疑他的專業、降低他在其他同事眼中的獨立性。

所以，他選擇把愛藏起來。

藏到妳開始懷疑，那些夜晚的溫柔是不是妳一個人的幻想；藏到妳在辦公室裡成為他刻意忽視的人，在夜裡才變回他口中的「唯一」。

這樣的安排，妳不會被罵，因為妳看起來什麼都沒做。

但妳也得不到什麼，因為妳的存在不曾被正視、被提及、被定義。

妳以為妳在他心裡是例外，其實妳只是被隱藏得最深的風險

「他不是壞人，他只是還不夠成熟。」

「也許等他穩定一點，我們就可以不用再偷偷摸摸了。」

「他其實很在意我，只是還沒準備好面對大家的眼光。」

如果妳開始經常這樣說服自己，那妳要明白：妳不是在等一段愛情成長，妳是在維護一段只能靠妳隱忍才得以生存的關係形態。

在白天妳是他尊敬的上司，在晚上妳是他口中的愛人，可是妳始終不是他的伴侶。

因為真正的伴侶，是在燈光下也願意牽手的人，不只是下班後才敢說我愛妳的那個人。

職場上下屬戀情中情感隱形壓力自我檢測表

評估項目	是／否	發生頻率	備注說明
他是否在工作場合與妳刻意保持距離？			包含不互動、不發言支持、不承認私下交情等
他是否曾說過「不能讓同事知道」等話？			含「怕別人說閒話」、「我會丟臉」等理由
他是否私下親密，但公開場合疏離？			白天避免眼神接觸、不同場合態度轉變明顯

評估項目	是／否	發生頻率	備注說明
妳是否覺得自己被迫扮演兩種角色？			包括壓抑情緒、強裝專業、不能有個人情感等
妳是否擔心關係曝光會對他職涯不利？			包含影響升遷、同事觀感、內部競爭等
妳是否因他的隱藏讓妳懷疑自己的價值？			包括情緒反覆、焦慮自我否定、失去自信等

第二節
他說我是唯一例外，但永遠不想承認我

他說「妳是我唯一放不下的人」，卻從不讓我出現在他的世界裡

那天，我鼓起勇氣對他說：「你可不可以在我們朋友面前，不要說我是你上司，說我是你……女朋友也好，朋友也好，至少不要像我只是你工作上的某一個人。」

他愣了一下，低頭笑了笑，說：「妳知道的，我一直把妳放在心裡，這樣不就夠了？」

當下我沒說話，只是笑了一下，但心裡那種「被珍惜卻永遠不被介紹」的委屈，像針一樣刺著我每個笑的肌肉。

他總是說我不一樣，是他生命裡唯一能懂他壓力與掙扎的女人。他說跟我在一起很自由，不需要偽裝，不需要競爭。

他說我比他遇過的每一個人都特別。

可是，當別人問起我們的關係，他卻只說：「我們認識很久，她幫我很多。」

這樣的說法沒有錯，卻也什麼都沒說。

我不是不能接受低調，但我不能接受，我在他的夜裡是唯一，在他日常中卻是透明。

「妳是唯一」的語言，
只在他需要妳的時候才被啟用

「只有妳能讓我在這份工作裡找到自己的價值。」

「我從沒對誰這樣坦白過。」

「妳的出現，改變了我看待自己與人生的方式。」

這些話每一個都讓人感動，讓人願意為這段關係付出更多，願意不計代價地忍耐那些不能公開的日子。妳會相信自己是他的特例，是他生命裡唯一破格的安排。

但問題是，他的特別對待永遠只存在於私密場域，從不跨越到他的真實社會身分中。

妳參與他的情緒，但沒參與他的朋友圈；妳知道他的傷疤，但不知道他的真實生活裡有哪些人出現在場；妳成為他唯一的

深夜陪伴者，卻從未成為他生活中的一個被標記的名字。

對方會持續向妳提供情緒回饋與親密語言，營造出高度的連結錯覺，卻在實際生活中保持疏離，讓妳以為關係已經很深，但事實上妳離他的核心還很遠。

他說「我是唯一」，只是為了妳不要離開

有時候妳會想：「他既然對我這麼依賴，為什麼不敢承認我們？」

妳以為他是因為身分、工作、外在壓力，才不能公開妳。但實際上，他只是沒有把妳放進他需要被社會認可的位置上。

他要妳，是因為妳懂他、陪他、接住他；但他不願說妳是誰，是因為一旦承認妳，他就得面對來自他人對你們關係的質疑與評論。

他不是不能承認妳，他只是不願意承擔公開妳所產生的後果與義務。

這就是所謂的「情緒式擁有，社交式放棄」關係。

他在妳身上擁有所有伴侶該享有的親密權利，但在別人面前卻不願為這段關係說一句話。

而妳呢，因為他說了「只有妳懂我」、「妳是我例外的選擇」，妳就甘願等，甘願低調，甘願從不爭取，因為妳怕只要一開口，他就會說：「我以為妳不是這樣的女人。」

他需要妳相信妳是例外，因為這樣妳才會忍得下去

當一個人反覆告訴妳：「妳不一樣」、「我從沒對誰這樣過」、「妳是我最在意的」，但行為上卻與其他人沒有本質區別時，妳要知道——那是情緒勒索的一種包裝策略。

他不直接命令妳留下，而是讓妳產生「我是他特例」的榮譽感，從而自己選擇原諒、自己選擇忍耐、自己選擇降低標準。這是一種高度內化的情感管理。

而妳會不斷陷入一種「明明他不承認我，但我無法怪他」的循環，因為他給了妳看起來比別人「更深一點」的關係，但卻不願用行動為妳的存在背書。

他不承認妳，不是因為妳不夠好，而是因為妳太容易原諒

如果妳願意仔細回想你們相處的模式，妳會發現，他從來不是主動傷害妳，他只是默默地不把妳放在他生命該給予承認的位置。

他沒有否認妳的價值，但也沒有承認妳的角色。

他沒有說妳是朋友，但也不說妳是戀人。

他沒有拒絕妳的靠近，但也從未回應妳的未來期待。

這段關係最殘忍的地方是——妳不是他騙來的，而是他讓妳心甘情願留在他身邊，並自己找理由說服自己他愛妳的。

他從來沒說：「我們公開吧。」妳卻能把一句「妳最懂我」當成「我只愛妳」。

而他從來知道妳會這樣解讀，卻從不阻止。

情緒特例式戀情現實檢查清單

評估項目	是／否	發生頻率	備注說明
他是否常用「妳是唯一」、「只有妳懂我」這類語言？			情感強度高但內容抽象、無具體承諾
他是否從不在任何場合承認你們的關係？			包括對朋友、同事、親友等提及身分模糊
妳是否從未出現在他的生活圈或社交圈裡？			包括不參與聚會、不被介紹、不被標記等
他是否說過「不是我不想承認，只是時機不對」？			包含轉嫁原因、模糊未來等話術
妳是否因為他說妳「不一樣」而願意忍受低姿態的關係？			包含犧牲名分、迴避衝突、降低需求等
妳是否曾懷疑自己只是他「情緒裡的例外」，而非人生裡的選擇？			自我懷疑、反覆期待落空、默默抽離又回頭等現象

第三節　我提拔他，他卻怕我拖垮他未來

我曾是他的貴人，後來成了他想否認的「過去」

他剛進公司的時候，沒有人看好他。學歷不特別，口條也不是最出色。很多同事覺得他太年輕、不夠圓融，不適合處理客戶。但我看出了他的耐心、反應速度跟與人相處時微妙的彈性。我親自幫他安排跨部門培訓，還在部門會議上替他發聲、調整分工，讓他得以進入幾個核心案子的編組裡。

某次深夜加班，我們兩個留下來趕標案。他做簡報、我修改標題。那天他說了一句：「如果有一天我能走上臺前，一定是因為妳讓我有機會開始。」

我心裡有一瞬間泛起了一種「我們並肩作戰」的情感。他不是我手下的誰，而是我願意賭一把的人。

我們之間的關係也是從那時起開始變得曖昧。他會在訊息裡稱我「女王」，說我很帥；會在深夜打來說想我，說我今天笑起來特別溫柔。我不確定他是認真還是玩笑，但我知道，我已經動心。

我告訴自己，這段關係有風險，但我們是一樣的人——曾經被低估過，現在努力發光的人。我願意等他準備好，願意陪他走一段有我、也有他的成長路。

但後來，當他真的開始被看見、被提拔，接觸高層，甚至

被某些主管視為接班梯隊成員時，他變了。變得少和我互動、變得會在公開場合避開我、甚至在一次部門聚餐中，當同事調侃我和他的關係時，他回：「主管是我非常尊敬的人，但我們一直都是公私分明。」

那天我喝了很多酒，卻一句話也說不出口。我不是傷心他否認我，而是難過於我曾經是他際遇裡的一盞燈，而他卻把那段照亮他的火光丟在原地，假裝沒發生過。

當提拔變成壓力，他選擇拋下妳，維護他自己的成就敘事

在職場結構裡，有一種不被正視的情感傾斜現象：當女性位居權力之上，尤其是主管角色，並在關係中展現主動或栽培行為時，一旦權力結構開始移動，原先受益者為了避免被認為是靠關係得利，常會選擇切割、否認、甚至反過來貶低這段關係。

受益者會在獲得穩定地位後，對先前的支持來源進行關係抽離，避免自身在他人眼中變得依附、不獨立、不具原創力。

而這種抽離，最常發生在女性主管與男性部屬的情感互動裡，因為社會對於「女高男低」的情感配置，仍帶有大量隱性偏見與不安。

於是，他選擇切割。他不說妳不好，但也從不再提起妳。他對別人說自己是靠實力走到今天，不願意承認，當初是妳在他面前爭取更多機會，是妳在主管會議上幫他留了席次。

他不是不記得，而是不敢承認這段際遇裡，妳才是真正幫他翻身的人。

他怕的不是妳害了他，而是別人知道他靠過妳

有一種人，不是忘恩，而是過度在意「形象」。當他還在底層時，他願意對妳表現依賴與感謝，因為那不損他的人格尊嚴。但當他有了發言權、有了位置、有了需要自己獨立扛住的期待時，他會開始切割一切可能「降低他分量」的過去。

妳不是威脅他升遷，而是他怕他升上去之後，別人說他是靠妳上來的。

他怕的是他努力的成就被歸功於一段關係，而不是他自己的才能。

於是他選擇否認你們之間的情感，否認妳對他的提拔，否認妳曾經是他遇見貴人的那段「際遇」。

而妳呢，站在他背後，看著他越來越遠，明明是自己推他上了舞臺，最後卻成了連幕後名單都上不了的那個人。

妳以為這是一段愛情，他卻當成一段跳板

一段真正的感情，不會怕被提起。

只有那些從沒打算承認，卻樂於接受妳所有付出的人，才會在他們羽翼漸豐時，把妳變成「不宜見人」的過去。

他曾說過：「我不想讓妳捲進流言裡。」

「我們這樣很好，不需要別人知道。」

「我想靠自己，不想讓人覺得我是在走妳的人脈。」

每一句話都像在保護妳，但實際上是在保護他自己。

他怕不是妳被看見，而是他被說成「妳的人」。

他要的是妳的引路，不是妳的並肩。

所以等到他看見前面有更大的舞臺時，他選擇轉身，不是因為妳不夠好，而是他早就打算只走一段，不陪到底。

妳不是絆腳石，而是被消音的成就共犯

這段際遇的殘酷點在於，妳既是成就的起點，也是失落的承受者。

妳曾經參與他的奮鬥過程，見證他的轉變，甚至在他最不堪的時候擁抱他、鼓勵他、為他擋箭。

但等他穿好戰袍走上更高的階梯時，他卻選擇說：「沒有誰幫我，是我自己努力的。」

他不是背叛，而是切割妳的參與感，讓妳成了他職涯劇本裡被剪掉的片段。

職場提拔與情感切割關係評估工具

評估項目	是／否	發生頻率	備注說明
妳是否曾在工作中給予他實質提拔或資源？			包含推薦、爭取機會、特別安排等
他是否在晉升或地位提升後對妳的互動減少？			包含公開疏遠、不再承認私下連結等
他是否以「怕別人誤會」為理由要求妳保持距離？			包括不同行、不互動、裝作沒交情等
妳是否發現自己從主角變成他劇本裡的無名者？			感覺被刻意抹去、不被提起、不被尊重等
他是否不承認妳曾是他成長過程的重要關鍵？			包含否認協助、弱化影響、不再感謝等
妳是否因他的否認而懷疑自己過去的付出意義？			包含後悔、情緒反覆、自我否定等現象

第四節
他在我懷裡說愛我，卻在會議上裝不熟

他說愛我只有我們知道，但我的愛不能只活在晚上

凌晨一點，我們靠在沙發上，他抱著我說：「我真的愛妳，從沒像現在這樣安心過。」

那天他難得主動約我去他租的套房，說是想我們好好聊聊，不談工作、不談壓力。那一晚，他像個溫柔的男孩，說我笑起來的樣子像他曾經最想成為的自由，說我總是在他人生每個低谷時出現。

我相信了。我以為這一切總有一天能走向光明，能在辦公室裡不再對彼此裝作若無其事。

可是當隔天早上我們一起進公司，我剛走進辦公室，他立刻與我保持距離，甚至連一個眼神都沒有給我。他用極度公事公辦的語氣說：「主管，這部分我會再修改，不麻煩妳。」

開會時他坐得離我遠遠的，其他同事無意間提到我們常加班時，他急忙說：「那都是剛好而已，別多想啦。」

我那天一整天心裡像吊著一顆石頭。前一晚的擁抱還在我體內有溫度，他卻在現實裡親手將那溫度包裝成無關緊要的職場偶遇。

我不是要他拉著我的手在辦公室走來走去，我只是希望他能在面對其他人時，不要把我當成需要被掩藏的風險源。

他說他愛我，但那這段關係為什麼只能存在於晚上？

一段不能被承認的關係，遲早會毀掉妳對自己的信任

他說：「我們的關係太特別，不適合被別人指指點點。」

他說：「我不是不想承認妳，而是不想妳被傷害。」

他說：「在公司妳是主管，我不想讓妳難做人。」

每一句話都像在保護妳，但其實每一句都在迴避他的責任。

他不是不願承認，而是不願承擔承認之後的風險與代價。

在情緒權力結構中，有一種現象叫做雙面角色矛盾。指的是一方在私人場合極度親密、依賴，甚至展現深層情緒，但在公開場合卻故意裝作距離、甚至冷淡，形成極大的落差。

這種落差會讓妳產生一種自我價值混淆的危機：

「難道我是他不能驕傲的對象？」

「他是不是真的覺得我不夠好，所以不敢被人知道？」

「我們是不是從頭到尾就只是錯誤？」

這些質疑不是因為妳太敏感，而是因為妳投入了一段從不在陽光下生存的愛情。

他在妳懷裡示弱，是因為他知道妳不會拒絕；他在他人面前否認，是因為他怕被責難

當一個人只在私下說「我真的愛妳」，卻從不願意在生活中說「我們在一起」，那妳要問的不是他有多誠懇，而是他為什麼不敢讓妳存在。

他說他怕妳難做人，但妳從沒要求他親吻妳給所有人看；他說他怕別人議論，但他從沒想過妳每天要忍受別人說妳「偏

心」、「主觀」的壓力；他說他在乎妳的感受，但從來沒給妳一句保護妳地位的話。

這不是他懷才不遇，而是他選擇了在感情裡當一個無聲者，卻讓妳一個人承受全世界的懷疑。

妳以為妳是他的知己，其實妳只是被他消音的戀人

在這段關係裡，他享受妳的理解、妳的包容、妳的不問未來、妳的不爭名分。

而妳卻連在走廊多看他一眼都會被自己拉回來提醒：「小心，不要讓人察覺。」

他不是沒察覺妳的委屈，而是他知道妳會忍。他知道妳會在他道歉時心軟，在他說「我們有我們的方式」時安靜，在他說「再給我一點時間」時收起所有抗議。

他不是不愛妳，他只是不夠愛妳到敢承認妳的存在。

他不讓妳在日常中存在，久了妳會在自己心裡也不存在了

一段感情若只能存在於夜裡與私訊裡，不能出現在白天與人際裡，那這段關係就像長期地下室的植物，再怎麼澆水也無法結果。

他說：「不是我不公開，是時機不對。」

但妳從沒看見他在等時機做準備，妳只看見他一次又一次地讓妳被誤會、被忽略、被錯看成什麼都不是。

最終妳不是被他甩掉，而是妳自己不見了自己。

私密親密與公開否認之間的心理斷裂評估表

評估項目	是／否	發生頻率	備注說明
他是否私下對妳展現高度親密行為？			含擁抱、說愛妳、深夜互動、情緒依附等
他是否在公開場合刻意疏遠妳？			含冷處理、不互動、不主動發言支持等
他是否以保護妳為由，反覆延後公開關係？			如「怕妳難做人」、「時機未到」等語句
妳是否在與他互動時感受到公開與私密差異很大？			包括行為切換極快、互動強度落差大等
妳是否為了保護他而不斷隱忍他在公開場合的忽視？			含主動避免互動、不表現親密、不爭取肯定等
妳是否懷疑自己在他生活中是否真正存在？			包括價值感混亂、情緒自責、焦慮感升高等

第五節
他說我們不能影響工作，其實只怕影響他前途

他說「我們保持距離是為了專業」，
我才明白什麼叫作「切割」

我們的關係已經持續了快一年。白天我們是主管與下屬，晚上我們是情人。所有情緒的流動都必須悄無聲息地藏好，不能被誰看見，也不能留下任何證據。他說這是為了我好，也是為了他自己——「我們不能讓感情影響工作，會有很多流言，妳的位子也會被人質疑。」

我相信他。我相信他不是因為懦弱才選擇沉默，而是因為他想保護我們的這段感情。

直到有一天，我聽見他主動對另一位女同事說：「跟主管保持距離比較好，我想靠實力升上來，不想被誤會有什麼特別關係。」

那一刻我才明白，他說「我們不要讓感情影響工作」，真正的意思是——我不能影響他升遷的評價、不能影響他在人前的形象，更不能讓別人以為他是靠我上位的。

原來我不是他不願意失去的感情，而是他不能被人發現的職場風險。

他說怕對妳有影響，其實只是怕妳成為他的絆腳石

「我不是不愛妳，而是我們這樣會被說閒話，我不想妳難堪。」

「等我真的靠自己站穩了，再來談感情也不遲。」

「如果妳是別的職位，我早就公開我們了。」

這些話看起來像是在保護妳，實際上全是替他自己留退路的話術。

他把選擇壓抑關係的決定，轉化成「為妳好」的形象包裝，讓妳一方面認為自己被在乎，一方面又不好意思要求更多。這是一種最典型的溫和型控制策略。

他說怕妳被影響，但真正擔心的是他自己。

怕你們的關係被傳開後，他升遷時被質疑「是靠裙帶關係」；怕他在新主管面前無法證明自己清白；怕他在部門競爭中被標籤為「靠關係爬上來的」。

而妳，就這樣變成了他職涯形象工程裡最需要被壓抑的存在。

他不是不要這段感情，而是不願意為它付出代價

愛情本該是讓人靠近的理由，但當一個人愛妳的方式是「請妳為了我們的未來先委屈一下自己」，妳就要問問自己，這未來到底是「我們」的，還是「他」的？

妳忍受：

- 假裝不在乎
- 假裝加班只是工作
- 假裝對他升遷毫無情緒
- 假裝妳是個公私分明、毫無關係的主管

他卻在這些「忍耐」中節節高升，不斷取得更多話語權與更好的評價，卻從未回過頭說一句：「我升上來了，現在輪到我來保護這段關係。」

這不是他不夠愛妳，而是他根本沒把愛妳排進他的人生裡。

妳不是他的阻礙，是他不敢承認的起點

最令人心痛的不是他否認妳，而是他把「承認妳」這件事定義成風險。

他知道你們之間有感情，也知道妳是他在最谷底時陪伴他的人。他甚至可能真心感謝妳的提拔與成就感帶來的轉捩點。

但他更清楚，在一個講究競爭與職場形象的組織裡，一段與上司的情感關係，會讓他比其他競爭者多了更多「說不清的評價與傳聞」。

而為了避開那些評價，他選擇犧牲這段關係的可見度。他寧願讓大家以為他是自己打拼起來的，也不要讓人說一句：「他

是她帶起來的。」

在這樣的邏輯裡，他已經不是妳的情人了，他是妳職場選才策略下的最大反噬。

妳成全他的未來，他卻從沒把妳放進他的規畫裡

「等我穩定了就好。」

「再忍一下，一切都會過去。」

「我們要顧全大局，妳不是一直都很理性嗎？」

妳的溫柔、妳的理性、妳的顧全大局，最後全都變成了他職場人格的背景板。

他靠著妳的退讓與隱忍，塑造出一個「純粹靠實力的進步代表」，卻從沒想過把妳一起帶進他的未來。

妳不是他的拖油瓶，但妳卻在他成長的過程中，成了最不方便提起的過去。

職場關係中情感自我隱身指標檢測表

評估項目	是／否	發生頻率	備注說明
他是否以保護妳為由，避免公開你們的關係？			包含怕妳被說閒話、怕妳難做人等語言
他是否在職場表現中刻意弱化妳對他的幫助？			如不提妳是引薦者、不承認提拔背景等

評估項目	是／否	發生頻率	備注說明
妳是否為了他的升遷而壓抑自己的存在與情感？			含不主動接觸、不互動、減少互關等
他是否在升遷過程中疏遠妳、強調自己靠實力？			包含對外說法、對內態度轉變等
妳是否感覺自己成了他職場形象的「潛在負面資料」？			包含怕被提起、怕被發現、怕影響他等
妳是否長期承受不能說的關係痛苦，但無法退出？			情緒焦慮、行為壓抑、自我否定等徵兆

第六節　權力關係一變，感情也瞬間掉價

他升了職之後，我就變成他不敢靠近的人

我曾是他的上司，他曾經在我面前說過：「我之所以能撐下來，是因為有妳。」

那時候他剛進公司、在部門裡格格不入，是我花時間帶他熟悉流程、替他撐腰、在別人質疑他的時候給他信任。

我們的關係也在這樣的合作過程中逐漸緊密。他知道我對他特別，我也從未否認我對他的傾斜。

他沒有占我便宜，沒有藉機索取，也從沒利用過我們的關係為自己謀什麼職位。那段時間，他的謙遜、努力與親近，讓

我相信 —— 這段感情不是上下屬的錯位愛，而是兩個人在人海中靠近彼此。

直到他升上來之後，一切開始變了。

他不再主動找我開會，寧可繞一圈找其他窗口；他開會時眼神飄忽、語調公式，不再像從前會在我面前多解釋一句。

更讓我難受的是，他開始對同事說：「我想證明自己能獨立工作，不想別人再用以前的事來看我。」

這句「以前的事」，說得如此抽象，卻又這麼具體。

我明白，他怕被別人說他是「靠關係」起來的，所以他選擇與我切割 —— 不是斷感情，而是徹底與我曾給過他的任何幫助劃清界線。

而我們之間那段曖昧也從未再被提起，仿佛從沒存在過。

權力一對等，愛情反而無所適從

我曾以為，只要他升上來、我們站在一樣的位置，我們的關係就能更穩固。我再也不需要壓抑、再也不需要顧慮上下結構、再也不用偷偷摸摸。

但我沒想到，一旦他跟我平起平坐，他對這段關係的態度竟然不是解放，而是逃避。

為什麼？

因為他在這段關係裡的心理位置，從來不是自信的。

當一個人習慣以「被提拔者」、「被欣賞者」的姿態建立關係，一旦他獲得獨立、站穩腳步，他就會開始質疑這段關係的真實性——

「妳當初愛我，是因為我比別人有潛力？還是因為我需要妳？」

「現在我不需要妳了，那我們還算什麼？」

這種質疑往往不是出自惡意，而是他內心深處對自我價值的不安：

他怕這段感情一旦不再建構在「他比較弱」的角色上，就會崩塌。

於是他選擇主動切割，讓妳成為那段過去的證明，而他則扮演重新出發、靠自己努力贏得現在一切的主角。

妳的感情不是廉價，而是被他用來掩飾自己的不安

妳曾經為他擋過風險、承受過壓力、改過制度、忍過閒話，這些他都記得。但他不敢承認。

因為一旦承認了妳的重要性，就代表他現在的一切成就不再是純粹來自自己。

他擔心別人說「是她帶起來的」，更擔心別人說「他們之間一定有什麼」。

他怕的是過去太真實，真實到會影響他現在的身分認同。

所以他否認。他不說謊，他只是從來不再提妳。

他不再把你們之間的事當作情感經歷，而是處理成一段人事紀錄：曾共事、曾支持、僅此而已。

而妳呢？妳不是沒看見這一切，只是妳還不願相信，那個被妳捧起來的人，竟然親手將妳從記憶中抹除。

當角色翻轉後，
他怕的不是妳強，而是妳曾經幫過他

他不是怕妳比他強，而是怕妳知道他的脆弱。他怕妳記得他不會寫簡報、怕妳記得他開會會結巴、怕妳記得他低潮時打給妳哭了十分鐘。

那些過去的畫面，在妳眼中是信任的證明，在他心中卻成了人格的不完整紀錄。

妳知道得太多，所以妳不能存在於他現在的人生敘事裡。

他要的不是否認感情，他要的是重寫歷史。而歷史中，妳的位置太高，太亮，也太真。

這種真實，會讓他現在的形象變得「有前科」，所以他必須把妳隔離在他的舞臺之外。

妳不是失去了他，
而是失去了一段「一起走」的可能性

愛情最讓人痛苦的不是分手，而是當彼此站上了一樣的高度，卻不再願意並肩。

他可能真的曾經愛過妳，但他更愛現在的自己，而妳的存在，會讓他想起「那個還不夠好的自己」是怎麼站起來的。

這不是妳的錯，是他的懦弱與自我認同無法與妳共存。

而妳也要明白 —— 一段關係如果只有在妳高他低的時候成立，那就不是真正的愛情。真正的愛，是能在角色轉變後，依然互相看見與互相尊重的關係。

他怕妳，是因為他不敢面對妳見過他的全部。

角色翻轉後情感價值變化自我評估表

評估項目	是／否	發生頻率	備注說明
他是否在升遷後對妳態度產生明顯疏離？			包括避談過往、減少互動、不主動溝通等
他是否曾否認或淡化妳在他成長中的角色？			如「我自己努力的」等語言出現頻繁
妳是否感覺自己從主角退為觀眾？			包括不被提起、不被邀請、主動迴避等情況
他是否擔心妳提起過去，影響他現在的形象？			包括阻止妳談往事、迴避同事前互動等

評估項目	是／否	發生頻率	備注說明
妳是否為了不讓他難堪而主動隱藏自己？			包括退出社交圈、調整互動界線等
妳是否開始質疑自己在這段關係裡的價值？			包括自責、懷疑、情緒耗損等現象

第四章
如果妳一直問「我們算什麼？」
那答案早就不是愛

第一節
他說「太快定義不好」，但一直讓我黏著他

他說我們不急，
但我已經把我們的名字寫進未來

我們是在一場朋友聚會上認識的。他不特別熱情，但總能說出讓人有安全感的話。他不急著問我喜歡什麼樣的對象，也沒馬上說自己單不單身，只是慢慢地開始出現在我生活的每個小縫隙裡。

他會說早安道晚安、有一搭沒一搭地傳些笑話或生活小事給我。他說：「我喜歡認識一個人，不用一開始就講得那麼清楚，太快定義很容易把關係限制死。」

我當時聽了點點頭。因為他說這句話的時候，語氣是溫和的，表情是自然的，好像這是一種成熟、一種緩慢而有深度的愛的開始。

我不急。我以為只要我夠真誠，慢慢陪著他，他總有一天會說出「我想和妳在一起」。

但他沒有。

他說不想被定義，但他讓我習慣回訊息給他，習慣為了配合他行程改自己的計畫，習慣在凌晨兩點聽他說加班很累、客戶

很煩。他讓我習慣在生活裡有他的存在，卻從不給我一個身分。

我開始忍不住問：「那我們算什麼？」

他說：「幹嘛那麼快定義？我們不是相處得很好嗎？」

他說得對，我們好像沒什麼問題。但我卻一天比一天感到不安，因為他說不要定義，但他早就默許我用情、用時間、用信任黏著他。

「不要定義」
只是讓妳不敢問清楚的溫柔勒索

「我們這樣很好，為什麼要破壞它？」

「太快定義，壓力會變很大。」

「感情是要自然發展的，不是定義來的。」

這些話都是現代模糊關係中常見的語言工具，它們看起來溫柔、理性、進步，但實際上是壓抑對方情感需求的情緒結構語言。

一方希望有情感投入與安全邊界，另一方則用「不定義」作為回應，保留關係彈性、同時享受關係利益。

這種不對等的核心問題在於：妳一開始以為他在等情感變成熟，他其實在避免承擔任何責任。

妳以為不定義是我們還沒準備好，他其實是根本不打算開始。

他讓妳黏著，是因為妳黏了，他就能省事又有溫度

他不說妳是誰，卻讓妳做情人該做的事。

他不說他愛妳，卻每天早晚問候、語音、分享生活，讓妳有情緒依附。

他不說要見妳爸媽，卻會陪妳過生日、說妳特別、說妳是他唯一能說話的人。

這種關係就像是一場心理上被默認、行為上被模糊、社會上被消音的非關係。

而妳不是不知道這些不合理，只是妳一直告訴自己：「他總有一天會清楚，他只是怕受傷、只是還不夠確定。」

但妳要的肯定越強，他的距離卻越遠。因為妳一旦開始問問題，他就會覺得壓力來了。他說妳變得不如當初那樣輕鬆了，他說妳現在好像變得太在意了。

他忘了，是他先教會妳黏著他的，是他讓妳開始想像你們可以變成什麼，是他用每天的陪伴讓妳產生「我們好像不只朋友」的錯覺。

模糊的關係最傷人，
因為妳永遠不知道該不該失望

這種關係最折磨人的地方在於——妳不是沒被在乎，但又不被正視。

妳不是沒互動，但又不能提出要求；妳不是沒親密，但也不能說妳有資格難過。妳有太多「好像是」的線索，但沒有一個可以當作妳可以理直氣壯失望的證據。

所以妳每天都在問自己：

- 「我們這樣算在一起嗎？」
- 「我這樣算不算太黏？」
- 「我是不是逼太緊了？」

妳不是想控制關係進度，妳只是想知道自己到底有沒有站在對的位置。

妳不是急著結論，妳只是想確認，自己是不是唯一，不是暫時，不是選項，不是備案。

但他只會說：「妳真的想太多了。」這句話，是所有模糊關係中最標準的情緒回擋語言。它讓妳不敢再問、再確認、再主張。

妳不是黏著他，是他讓妳沒有辦法放開

最後妳會發現，他不是不給妳答案，而是他從一開始就不打算讓這段關係有答案。

因為一旦定義了，他就失去了掌控權。

妳會有合理的期待、正當的情緒、對等的要求。

但他不要這些，他只要妳繼續黏著、繼續體貼、繼續不問太多。

這不是一段愛情，這是一種無責任的感情勞務合約。他享有妳的情緒支持與關注，卻不付出任何身分、未來與承諾的成本。

他不是怕太快定義，而是怕一旦定義了，就不能全身而退。

模糊關係中情感不對等狀態評估表

評估項目	是／否	發生頻率	備注說明
他是否曾明確說過「我不想定義我們的關係」？			含「我們這樣就很好」、「不想被標籤」等語言
他是否仍持續提供高強度情緒互動？			如每日聯絡、深夜分享、擁抱、暗示等
妳是否為他調整自己時間、行程與選擇？			含推掉約會、改變生活節奏等行為
他是否曾在妳提出「我們算什麼」時迴避回答？			如轉移話題、說妳想太多等反應

評估項目	是／否	發生頻率	備注說明
妳是否感覺自己被默許黏上他，卻不被承認？			情緒上依賴，但身分上被模糊處理
妳是否害怕問清楚，只因擔心關係會破裂？			包括遲疑、壓抑、說服自己不問等行為

第二節　他說忙，但可以跟別人喝酒五小時

他對我說沒空，
卻總有時間出現在不屬於我的地方

「最近真的很忙，下班還要處理專案進度，應該沒辦法見面。」

他這麼回我的訊息，語氣像是道歉，又像是說出一種理所當然的無奈。那時候的我很能理解，因為他總說他的工作需要負責很多瑣碎的事情，客戶難搞、主管苛刻，還有進度壓力。我不只一次心疼他，也不只一次說：「沒關係，先把工作顧好，等妳有空我們再碰面就好。」

可是那天深夜，我滑開社群，看到他在朋友的限時動態裡，和一群人坐在 KTV 裡喝酒。背景音樂大聲、氣氛熱鬧，他坐在畫面角落，笑得很放鬆。他沒看鏡頭，但我一眼就認出他穿的是我上次送他的襯衫。

那天晚上，是他拒絕我的那晚。他說加班完太累，只想一個人靜靜。

我不記得自己盯著那個畫面看了多久，只知道那一刻，我好像明白了什麼叫他不是沒空，只是他不願意把時間留給妳。

「我在忙」不是時間問題，是選擇排序的問題

他說他很忙，但他不是沒時間。

他有時間回群組冷笑話、有時間去應酬、去喝酒、去幫別人搬家，卻沒有時間回妳一個「今天還好嗎？」

他不是不會想妳，他只是不把「讓妳被想見」這件事排進他的生活計畫裡。

一方在情感連結中持續投注時間、關注與行為，而另一方則保留時間與行動，卻持續享有情感回報。

他知道妳會等、妳會諒解、妳會體貼，所以他不急著處理妳的期待。他把妳放在心裡的「重要，但不急」那一欄，永遠排在會議之後、應酬之後、甚至滑手機之後。

他不是沒空見妳，而是不想妳變成他的生活責任

他對妳說「最近很忙」，對別人說「要不要喝一杯」。

他對妳說「我怕耽誤妳」，對別人說「下次一起去衝浪吧」。

妳以為他是因為太累才無法見妳，但事實是，他的精神與能量花在了那些他認為無壓力、不用負責的互動上。

妳對他來說，不是娛樂、不是放鬆，而是情緒回應與心理依附的需求來源。

而這些——他不想給。他寧願對一群沒情感包袱的人說笑，也不願花一小時與妳誠實聊聊近況。

因為妳一旦開口，他就得面對自己的回應、承諾與不對等。他不是怕見妳，他是怕見面後妳會問：「那我們什麼時候再見？」

他不拒絕妳，是因為妳還對他有用，
但他不會給妳地位，因為妳會要更多

他不拒絕妳，是因為他知道妳願意等；他說他忙，是因為這是最溫和、最無法被反駁的推託。

他說忙，其實是說：「妳不夠值得我為妳挪出時間。」

這句話如果他直接說出口，妳一定會掉頭就走。

但他不會，他只說：「我真的有點疲憊」，然後把妳留在那裡自己解釋——是他太累，是他壓力大，是他怕給妳不完整的自己。

而妳就在這些溫柔卻模糊的拒絕裡，一次又一次原諒他，不願意相信妳對他來說沒有那麼重要。

妳不是等不到他有空，而是他早就空給別人了

我們太容易用「他最近太累了」、「工作真的很重要」、「他不是不想」這些說法，幫一個不願意為妳停下來的人找藉口。

我們以為時間會證明一切，結果時間只證明——他在一開始就沒想過把妳納入他的人生規劃。

他願意把精力花在可以輕鬆玩笑、無需解釋、無需回應期待的人事物上，因為他怕一旦跟妳靠近，就要對妳負責任。

所以他說他忙，但他其實只是在告訴妳：「我沒有空留給妳。」

時間與情感投入落差檢測表

評估項目	是／否	發生頻率	備注說明
他是否常以「工作忙」為由婉拒約會或互動？			包含改約、取消、消失等
妳是否在他說忙的同時，發現他出現在他人社交活動？			包含限時動態、群組聚會、社群互動等
他是否只在他主動聯絡時，才出現並互動？			妳無法主動安排互動時間
妳是否經常自行解釋他缺席的原因為「壓力太大」？			包括幫他找理由、替他說話給朋友聽等
他是否從未為妳騰出明確安排與未來計畫？			無固定互動頻率、未來方向不明等

評估項目	是／否	發生頻率	備注說明
妳是否感到自己的重要性經常被排到最後？			心理落差、情緒挫折、自我否定等反應

第三節
他說「我們順其自然」，我卻在腦海裡結婚三次

他說「不用急」，我卻已經開始挑婚紗了

我們交往，或者該說「在一起」，到現在已經超過半年。沒有正式交往的告白、沒有公開的定義，甚至沒有一次真正的「我們來談談關係吧」。但我們見面、牽手、擁抱，他也在我難過的時候出現、在我開心時陪笑。我總覺得，這不就像戀人嗎？

於是我鼓起勇氣問他：「你覺得我們這樣，到底是什麼關係？」

他沒正面回答，只說：「不要急，好嗎？我喜歡跟妳在一起的感覺，但我不想給這段關係太多壓力。我們順其自然就好。」

順其自然。這四個字說出口時，像是一種承諾，又像是一種拖延。

我告訴自己：「沒關係，他只是想穩定點走。」於是我開始幻想未來。我腦中排演過我們一起去見他家人的畫面，想像過

旅行中他牽著我介紹我是他女朋友，也模擬過我們吵架後怎麼和好。甚至我連婚禮的樣子都想過兩三遍：春天、戶外、白色簡約的布置，他穿深灰色西裝，我挽著他的手。

我一直都在為「我們」作準備，而他卻只是一直說：「再等等。」

「順其自然」不是愛的節奏，是拒絕承諾的修辭

在親密關係心理學中，「順其自然」是一種極具欺騙性的中性說法，實際上卻常被用來迴避責任與推遲對關係做出明確回應。

它聽起來理性、溫柔、尊重自由，但實際功能卻是讓對方不敢追問、不敢要求、不敢提未來。

他說「順其自然」，是因為這樣他就可以不定義、不承諾、不公開。

他說「我們這樣就很好」，是因為這樣他就可以繼續享受妳所有的付出，卻不必為妳的失落負責。

他不是愛妳太慢，他是根本不想走那麼遠。只是他知道妳會想得比較多，所以他給了一個最含糊、最萬用、也最無害的回答。

順其自然，不是讓愛慢慢變深，是讓責任永遠不來。

妳在腦中鋪陳未來，
他卻在現實中切割關係

妳開始用他的生日去許願，用他的姓寫妳的名字，幻想過孩子的長相與兩人老去的模樣。

而他只是偶爾出現、偶爾失聯，始終把妳當作他情緒舒服時會回應，但絕不讓妳跨進生活的邊界線的人。

他怕的不是進展太快，而是妳真的要求他給出一個「是或不是」的答案。

妳在腦海裡走了好幾段戀愛長跑，但他在現實中，根本就沒有開跑的打算。

這段關係從頭到尾只有妳在走，他只是站在原地，讓妳以為自己走得很有方向，其實只是原地打轉。

他不說不要，
是因為他要妳一直「以為有可能」

他沒有說不會跟妳在一起，也沒有說不會將來交往，更沒有說不可能愛妳。

他只是用「順其自然」這句話，把妳所有的期待鎖進「未定義」的盒子裡。

這是最聰明的方式。他不用說謊，但也從來不必兌現什麼。

妳以為他只是不善言辭、還沒準備好、需要時間，可他真正需要的，是一個不會問太多、不會要答案、只會默默陪著的人。

他給妳的不是承諾，而是妳「以為快要有承諾」的錯覺。

他怕的不是愛上妳，而是妳會逼他做選擇

為什麼他對妳那麼好、那麼親密，卻始終不肯給妳一個定位？

因為一旦他說出「我們是什麼」，他就要開始面對：

- 是否只和妳交往？
- 是否該介紹妳給家人朋友？
- 是否要對未來有實際計畫？

而他最不想做的，就是選擇。

所以他選擇讓關係「不具名」，因為只要沒有定義，他就永遠可以逃避選擇。

他可以繼續和妳曖昧，同時繼續跟其他人保持曖昧空間。

他可以繼續說「我也不知道未來會怎樣」，同時讓妳為你們的未來買單、努力、妥協。

他不是不知道妳想要什麼，他只是知道一旦他說出答案，妳就不會再繼續這樣為他默默演出這場一人婚禮。

順其自然式戀情的進展停滯指標表

評估項目	是／否	發生頻率	備注說明
他是否用「順其自然」為由，拒絕正式確認關係？			含「我們這樣就很好」、「不要定義太快」等說法
妳是否曾主動規劃未來，但他總是避談或模糊回答？			包括對未來沒有時間線、拒談見家人等
他是否對妳很好，卻從不說愛、不定義、不承認？			含情緒陪伴、日常互動頻率高卻不定義關係
妳是否已經在幻想他的姓氏、生活、婚禮等具體畫面？			自我編排式戀愛幻想明顯，但無行動回饋
他是否用「現在時機不對」、「壓力大」等話術延後進展？			拒絕承諾但給予情緒支持形成拉扯感
妳是否曾因他不拒絕妳而無法抽身離開？			包括陷入自我合理化、依戀模式持續等

第四節　他說「妳太敏感」，卻從不回訊息

他說我想太多了，
可是他一句話都不說，我能不想嗎？

那天我傳訊息給他：「你還好嗎？最近是不是工作太累？」隔了八小時，他才回：「還行，有點忙，晚點聊。」

然後就沒下文了。

我等了一整晚，手機握在手裡，一直點開聊天畫面，又關上，再點開。訊息已讀，但他像從世界上消失一樣，不再出現。

我終於受不了，傳了句：「你是不是不想理我了？」

他隔了幾分鐘回：「妳是不是太敏感了？我真的只是有點忙，不想每件事都要報備。」

我瞬間沉默。不是因為他說得有道理，而是因為我竟然開始懷疑自己：「我是不是太黏？是不是太容易想太多？」

可是明明是他消失不回，是他讓我陷入不安的等待，為什麼最後變成我在反省自己？

那一晚我沒睡，想起我們這幾個月來所有的對話與互動。每當我傳訊息給他，他總是隔很久才回；每當我問他為什麼這麼久才回，他總是回一句：「妳太敏感。」

但我怎麼能不敏感？

我不是對誰都這樣，是因為我在意他，才會在意他的回應。

「妳太敏感」
是他不想回應妳情緒的防禦機制

當一個人不想對他人情緒負責時，他會用「妳太敏感」、「妳想太多」、「妳是不是又在自己腦補」這類語言，把問題從「他的行為」轉移成「妳的情緒問題」。

這種語言結構的運作方式是：

- 弱化妳的感受（暗示妳不理性）
- 逃避自己的責任（他只是不想回，不是故意忽略）
- 讓妳在下一次情緒來襲時，自我審查與壓抑（妳會想：「我是不是又多心了？」）

而妳，就在這樣的循環裡一邊感覺被忽略，一邊又不敢說出不滿。

他不是不懂妳在等，而是他根本不想回應妳的期待

妳說妳只是想他多回妳一點訊息，他卻說：「妳怎麼那麼需要安全感？」

妳說妳只是想知道他對妳是什麼感覺，他卻說：「我沒辦法天天哄人。」

妳不是要他給妳承諾，妳只是希望他別讓妳一個人胡思亂想。

可是他不願意。因為他知道一旦開始回應妳的感受，就要開始面對他的行為是否真的負責。

而他，不想負責。他只想維持一段「自由而不受控」的關係，他要的是：

- 想找妳時妳要在
- 想冷靜時妳不能鬧

◆ 想撤退時妳得懂得收手

他要求妳穩定成熟，自己卻無時無刻不在逃避溝通。

妳的敏感，不是缺點，是妳還願意相信你們之間有點什麼

真正可怕的，不是妳對訊息的回應速度很在意，而是妳開始麻痺，開始接受他消失、忽略、沉默這些行為都「很正常」。

妳的敏感，曾是你們之間還有情感連結的證明。是因為妳在乎、妳用心、妳在建構一種關係，所以妳在意每一次已讀未回、每一次敷衍回應。

而他說妳敏感，是因為他早就退出這場關係建構，只想留在邊緣當個隨時可退的過客。

妳還站在關係的中心，他卻已經退到邊界觀望。

這種位置上的落差，才是最傷人的情緒差距。

他不是不知道怎麼回妳，而是他知道妳會自己消化完

他不是不懂妳為什麼會焦慮，他只是知道妳不會逼他。

他知道妳傳訊息問候，不是真的要答案，而是想確定他的回應仍在；他知道妳半夜問他「怎麼還不睡」，不是管他，而是

想多一次互動；他知道妳說妳難過，不是要他處理，而只是想他在那裡。

他知道妳不會鬧、不會吵、不會失控，所以他選擇不回，因為他相信妳會自己忍下來。

而妳真的忍了，從質疑自己太黏，到學會一個人睡、學會自己把話講一半，學會不再期待他的即時反應，甚至學會在訊息只剩一行時也要說：「晚安。」

情感互動冷淡與情緒責任缺席指標自我檢測表

評估項目	是／否	發生頻率	備注說明
他是否經常用「妳太敏感」來回應妳的情緒表達？			含「妳又多想了」、「我不是那個意思」等語言
他是否經常已讀未回，且無進一步解釋？			含一整天未回、不回主題問題等情況
妳是否因為他不回訊息而陷入長時間等待與自責？			包含重複查看對話、責怪自己太黏等
他是否僅在他主動時才表現關心？			平時冷淡，突然熱情後又迅速抽離
妳是否經常在他冷處理後自行找理由原諒？			如幫他解釋工作忙、怕他壓力大等
妳是否開始壓抑自己的情緒以維持關係和平？			包括不再問、不再講、不再要求等行為轉變

第五節
他不回絕我，只是不給我空間離開

他沒有說不愛我，但我卻始終沒有被愛過

他從不說「我們不可能」，但也從沒說「我們在一起」。

我問他：「你是不是不喜歡我？」

他搖頭，說：「不是，我很珍惜妳。」

我問他：「我們有可能嗎？」

他看著我，語氣很溫柔地說：「妳對我真的很重要，只是我現在沒辦法想那麼遠。」

我等這句話，等了三年。

三年裡，我們一起吃過無數次晚餐，一起看過電影、旅行、他甚至會在我生日準備蛋糕、在我難過時第一個趕來。

他不是壞人，他不冷漠，他從沒對我發過脾氣，也從沒玩弄我感情。

但他也從沒讓我有資格說一句：「他是我的誰。」

他不拒絕我，也不靠近我。就這樣維持著一段不進也不退的關係，像溫水煮青蛙，把我的期待煮得只剩下無聲。

我知道自己應該離開。

但我每次一提分開，他就說：「妳對我很重要，不要那麼極端，好不好？」

他沒有愛我，但他也不肯放我走。

「不說清楚」本身就是一種操控

他不是沒做選擇，而是他的選擇就是讓妳不能做選擇。這種模式稱為模糊關係控制，是一種以情感曖昧為工具，維持心理占有與資源獲得的策略。

他給妳部分情感、適度關心、間歇熱情 —— 這些都足以讓妳無法斷開，但永遠不足以構成關係。

這種關係最讓人困惑的地方在於：他不是一個讓妳難受的壞人，而是一個讓妳無法理直氣壯離開的「好人」。

他用溫柔留妳，用沉默困妳，用退一步的善良維持一段永遠不會成真的希望感。

他知道他沒有要妳，但他也知道妳還不會走

這段關係裡最可怕的是：妳每一次要離開，都會發現他對妳忽冷忽熱的愛，竟然比任何拒絕都來得更黏人。

他不是故意傷妳，但他絕對知道妳會難過；他不是有意耽誤妳，但他肯定知道妳還在等。

他不給妳答案，是因為妳有太多想像可以自我補足。

妳會說服自己：「他只是還沒準備好」、「他只是太忙」、「他只是不善於表達」，妳甚至會感謝他至少沒玩弄妳。

妳不知道的是，他不說「不」，就是為了讓妳自己不敢說「走」。

他不是不讓妳走，而是讓妳走不了

妳以為妳是自由的，但事實上妳被他的不清不楚完全框住。

妳不敢談戀愛，因為妳心裡住著一個沒名分的人；妳不敢交新朋友，因為妳怕哪天他突然來找妳，而妳不在；妳甚至不敢告訴別人你們的關係，因為妳也不知道怎麼形容自己現在的狀態。

他像一根釘子，把妳釘在這段「沒有關係但一直存在」的模糊地帶。

而妳，久而久之，就不再想掙脫，只想「撐到他開口的那天」。

但那天永遠不會來，因為妳的忍耐，已經讓他太習慣不需要決定。

妳不是在等他愛妳，
而是在為他不肯放妳自由找理由

有一天，當妳終於願意回頭看清這段關係，妳會明白——他從沒打算給妳什麼，也從沒想失去妳什麼。

他不曾說妳是他的唯一，也沒說妳不是；他不曾說要跟妳走下去，也沒說走不下去。

他給妳剛剛好的希望，也給妳剛剛好的失望。

妳的等待，不是因為他值得，而是因為妳不甘心自己曾這麼投入卻沒有結果。

而他，就是靠這份不甘心，把妳留在他身邊——留得不遠不近、留得若即若離。

不拒絕也不給答案的關係警示檢查表

評估項目	是／否	發生頻率	備注說明
他是否從未說明你們的關係定位？			不說在一起，也不說不可能
妳是否多次想離開但都因為他的一句話而留下？			如「我很在乎妳」、「妳對我很重要」等
他是否在妳疏遠時突然變熱絡？			包括打電話、傳訊息、製造親密感等
妳是否無法和其他對象正常互動，因為內心還放不下他？			包括排斥約會、沒興趣再認識新對象等
他是否讓妳承擔所有等待與思考的情緒壓力？			妳總是主動問關係，他從未主動提出未來
妳是否覺得自己像被「溫柔困住」，卻無法為自己爭取出口？			包含感覺進退兩難、無法開口、反覆自我說服等

第六節
他用沉默餵養我的幻想，我卻以為那是信任

他什麼都沒說，我卻幫他想了一整個戀愛劇本

他從來不說愛我，但我卻因為他每天準時說晚安，覺得我們是默契十足的情侶。

他不談未來，但我卻因為他說「我喜歡現在這樣的相處」而規劃了我們要搬到哪裡住、要去哪裡旅行。

他不主動聯絡，但我卻因為他偶爾回一句「剛剛想起妳」而在心裡演完了一場偶像劇。

我們之間沒有對話，只有簡訊；沒有計畫，只有即興；沒有定義，只有沉默。

我問他：「你是不是不太愛講話？」

他說：「我不是不說，只是我相信彼此懂的東西，不需要一直講出來。」

我信了。我把他不說當作穩重，把他的冷靜當作可靠，把他的沉默當作一種安全感——一種屬於成熟大人之間無聲的契合。

但後來我才明白，那不是默契，是他用沉默給我空間自我欺騙。

他不說愛，也不說不愛，是因為妳會自己替他解釋

沉默，是曖昧關係中最容易被誤解的語言形式。情感意圖空白區間是當一個人刻意不說明自己的立場時，另一方會傾向依據自身需求去補上空白的意義。

妳希望他愛妳，於是他沒說不愛，妳就解讀為「他可能還沒準備好」；妳希望你們有未來，於是他沒說沒有，妳就解讀為「他只是慢熱」；妳希望他只是比較安靜，於是他不回訊息，妳就解讀為「他是用行動愛我，不善言辭」。

他不必撒謊，妳就會自己說服自己；他不必解釋，妳就會自己幫他包裝。

而這，就是沉默最厲害的地方。他什麼都沒說，但妳已經全信了。

他不是信任妳才沉默，
而是他知道妳會自己處理所有情緒

很多人說：「沉默是一種深度的溝通。」但前提是 —— 雙方都知道彼此的心意、都願意以沉默來互信。

但他不是，他只是懶得說。因為他知道妳會：

- 自己想辦法消化他的忽略
- 自己說服自己不要多想

◆　自己把沒有說出口的感情用各種美化語言包裝好

他不是在跟妳沉默共情，而是在利用妳的情感韌性，讓妳自我矮化、自我合理化、自我吞噬。

妳以為他在安靜地愛妳，其實他在安靜地遠離妳

他每次回訊息都很慢，但妳說他「可能忙」；他每次見面都沒講太多，但妳說他「應該累」；他從不主動問妳過得好不好，但妳說「他可能不是那種表達型的人」。

他什麼都沒給妳，卻讓妳活得像擁有一段穩定關係的戀人。他不是刻意欺騙妳，而是他知道妳太會為他找藉口。

沉默不是愛的證明，是愛的缺席。

真正愛妳的人，會想盡辦法讓妳知道；真正怕失去妳的人，不會讓妳有機會胡思亂想。

而他，讓妳每天都在腦海裡上演自己愛得多認真、多值得，只因為——他不回應、不定義、不負責。

他說妳想太多，但從來沒問過
妳一個人想的過程有多痛

他用沉默取代承諾，再用一句「妳是不是太敏感」堵住妳的懷疑。

妳不敢再問、再提、再期待。

妳怕一說出妳心裡的不安，就會變成破壞這段關係的壞人。

於是妳收起自己所有的渴望，把他的沉默翻譯成各種妳願意相信的版本。

「他沒回，應該是在想我怎麼了吧。」

「他最近淡一點，也許是在處理自己的情緒。」

「他沒有說我們是什麼，但這樣的默契應該就是一種答案吧。」

不是，那不是答案，那是妳一廂情願的翻譯。

不是被他沉默困住，
是妳把他的沉默當成了信任的語言

他不是不說，而是他知道他說了，就不能再後退。

他不是沉默，而是他選擇讓妳用愛與幻想來補全這段關係裡的空白處。

他讓妳自己演完一場戀愛，他只需要站在遠處當觀眾。

他讓妳不敢吵、不敢問、不敢走，因為妳自己已經把他塑造成了一個「只是沉默，但深愛妳」的角色。

事實是，他沒有演，妳卻早就哭成一場戲的高潮。

而這場戲，觀眾只有妳自己。

沉默式情感錯誤解讀自我檢查清單

評估項目	是／否	發生頻率	備注說明
他是否經常用沉默回應妳的情緒問題？			含已讀未回、未解釋、未處理等情況
妳是否經常主動為他的沉默找理由？			如「他可能太忙」、「他比較內向」等
他是否從不清楚表達對妳的感受與定位？			含模糊語言、情緒拉扯、拒談未來等
妳是否因為害怕破壞氣氛而不再追問？			含不提關係、不要求回應、壓抑期待等
妳是否把他的沉默當成深層感情的證據？			如「他不說，但我感覺得到」等自我解釋
妳是否覺得自己是這段關係裡唯一的發聲者？			包括主動關心、主動安撫、主動維持等

第五章
上床之前，
他說「妳不會當真吧？」

第一節
他說「性可以隨便，感情不能亂」：我卻聽反了

他說得輕描淡寫，
我卻把自己整個交出去了

第一次和他發生關係那晚，是在一次加班結束後。他說那天太累，想喝點東西，我陪他走去他租屋處樓下的便利商店。他買了啤酒，也買了我的最愛 —— 烤雞沙拉和一條黑巧克力。

回到他家，他把沙拉打開遞給我，說：「其實我平常都一個人吃飯，這樣好像比較像有人陪的樣子。」

我當時覺得，這句話已經夠甜、夠私密，像是打開了一扇門。

之後發生的事情，沒有驚天動地，也沒有劇情反轉，只是很自然地，一個靠近的擁抱、一個眼神的確認、一個他沒有抗拒的吻。

我沒有問他：「你怎麼看這件事？」

也沒問：「你覺得我們現在是什麼關係？」

但隔天早上，我還是沒忍住問了一句：「你會不會後悔？」

他看著我，笑了一下，說：「怎麼會？只是……我一向覺得性可以隨便一點，感情反而不能亂。」

這句話聽起來是某種成熟的大人語言，但我一瞬間聽進去的，只有「我們剛剛那不是感情，是性」—— 而我早就把性當成了感情的證明。

我不是不懂他的意思，我只是選擇聽出自己想聽的版本。

而這句話，也成了我之後每一次傷心與沉默的伏筆。

他講得理性，妳卻用感情去解釋他的冷靜

「性可以隨便，感情不能亂。」這句話，表面上是一種界線感，是一種關係保護的宣言。

但當這句話說出口的那個人，正好是妳心裡默默放進「可能性」名單的人時，這就不是一句中性語言，而是一個妳無法直視的警告。

我們稱這種現象為選擇性情緒轉譯，當一方以理性語言建立界線時，另一方會根據自身的情感投入程度，自動濾除警訊，只留下希望。

妳會對自己說：「他不是不在意我，他只是怕太快定義會壞了這段關係。」

妳會說：「他是矛盾的，他在保護我，也在保護自己。」

但真相是，他其實已經說得很清楚，只是妳不願意相信那個版本的現實。

妳把性當愛的證明，他卻把愛當風險控管

那段時間，我們見面很頻繁。他總是說：「妳來就好，我這裡有啤酒、有被子，什麼都不用帶。」

我開始以為自己是特別的，是唯一可以被邀請進他生活空間的人。

我也開始習慣了他的身體語言 —— 他在擁抱我時的手指溫度，他在我耳邊低聲說「妳很香」時的語氣，他事後抱我不放的那幾分鐘沉默。

我以為這就是愛的一種不說出口的表達，直到有一天，我忍不住問他：「我們這樣，是不是有點像戀人？」

他停了幾秒，說：「我們是彼此舒服的狀態啊，我不想破壞那個自然感。」

那一刻我才明白，對他來說，性是一種舒壓、一種陪伴、一種溫柔的過渡安排；而愛，是得小心分配的風險投資。

我想要被他確認，而他只是想被我理解。

他不是欺騙妳，而是妳用渴望把模糊當承諾

他從來沒有說過要跟我交往，也沒有說我對他有多重要。

他甚至連「喜歡」這兩個字都沒說過。

但我依然相信，只要我們持續靠近，只要我夠體貼、夠穩定、夠懂他有壓力、不逼他、不提問，他就會慢慢愛上我。

我以為我有耐心，所以才願意接受一個只給我身體、卻不給我心的人。

但其實，我只是不敢面對他從一開始就沒打算走進感情的事實。

他早已設好範圍，而妳卻自動越線

「我們這樣就很好，不要太多定義，好嗎？」

他用溫柔講這句話時，我的心都碎了。

不是因為他拒絕了我，而是我無法不承認自己早就走得太前面。

我早就用我們之間的每一次親密幻想一段可能，而他從頭到尾都在提醒我：這裡有邊界，不要過來。

我問他：「你不覺得我們像戀人嗎？」

他說：「妳很好，我也喜歡跟妳在一起，只是我真的不想談感情。」

我還是留下來了。因為他說他「喜歡跟我在一起」。我又一次，把模糊當成承諾，把陪伴當成回應，把「我不想談感情」翻譯成「也許以後會」。

妳不是誤解他說的話，是妳選擇忽略他沒說的部分

我們常常不是因為男人說了什麼而受傷，而是因為我們選擇了不去看清他沒說的那些東西。

他沒說喜歡妳，但妳把他的一句「妳不錯」放大成好感；他沒說想交往，但妳把他的「我們這樣也挺好」當作正在考慮；他沒說拒絕，但妳就以為他默許、接受、快要答應。

妳不是聽錯了，而是妳太怕聽懂了。

因為一旦妳真的承認，那些沒有答案的沉默，其實就是答案，那妳就得學會抽身，而那比繼續等待還要痛。

性與感情界線混淆下的情感投入自我檢查表

評估項目	是／否	發生頻率	備注說明
他是否曾說過「性可以隨便，感情不能亂」等話語？			或類似暗示性與感情需分開處理的語言
妳是否將性當作情感進展的依據？			如發生關係後期待關係升溫、進入戀愛階段等
他是否從未主動確認妳的情感地位？			不談未來、不承諾、不表態
妳是否經常合理化他對妳的曖昧？			如「他不說但一定是有感覺」等自我解釋
妳是否曾因他一點點溫柔就延長自己的等待？			含擁抱、安慰、晚安訊息等情緒維繫

評估項目	是／否	發生頻率	備注說明
妳是否不敢提問，只怕聽見不想聽的答案？			包括不敢問「我們是什麼」、不敢問未來等

第二節　他沒說愛我，但總是抱我抱很久

他沒有說喜歡我，可是他一直不放開我

每次結束親密接觸，他都會習慣性地把我抱在懷裡，像是習慣某一種體溫，也像是不想讓空氣變冷。

我們沒有說「我愛你」，也沒有承諾明天再見。但他總是會在我轉身要離開前，輕輕摟住我，說：「待一下好不好，再一下就好。」

這樣的「再一下」可以是一小時，也可以是一整晚。他不催我走，甚至會主動為我拉好被子。

我躺在他胸口聽他心跳，彷彿那就是我存在的證明。那個時候，我真的覺得 —— 如果他不愛我，怎麼會抱我這麼久？

但每當我鼓起勇氣問他：「你對我，是什麼樣的感覺？」

他總會沉默幾秒，再換上熟悉的溫柔語氣說：「我很珍惜妳。」

沒有喜歡，沒有愛，只有「珍惜」。

他給我很多身體上的靠近，卻始終不給我一句肯定。

他總說：「我不太會表達。」

但我知道，他不是不會表達，他只是不願意說出我想聽的答案。

長時間的擁抱，不一定代表深情

在依附關係的研究裡，有一種類型叫做接觸型安撫者。這類人在關係中，不擅長口語表達，卻習慣用身體接觸來獲得安全感與親密感。他們的擁抱不一定是情感的投射，更可能是一種自我調節焦慮的方法。

也就是說，他擁抱妳，不見得是愛妳，他只是需要一個身體存在，來安撫自己內心的空洞與混亂。

而妳，剛好是一個懂他、願意靠近、也不逼迫他的人。

擁抱很久，不代表他對妳的感情就很深。它有可能只是習慣，也有可能是情緒避難。

妳以為他靠近是愛，其實他靠近只是剛好需要

我們很容易把親密行為誤認為感情指標。

他牽妳手，妳以為是信任；他摸妳頭，妳以為是疼惜；他吻妳額頭，妳以為是認定。但對某些人來說，這些舉動只是一種情境的自然反應，而不是關係的建構行為。

如果妳仔細回想，妳會發現：

- 他從沒主動約見妳爸媽
- 他從沒在你們的關係上使用明確稱呼
- 他從不在別人面前提起妳

妳是他的擁抱對象，但妳從來不是他的生活之一部分。

他讓妳習慣被抱，卻從不給妳身分

妳不敢離開，因為妳記得他抱妳時的力道；妳捨不得放下，因為妳記得他說「好舒服，有妳真好」。

妳一次次說服自己：「他不是不在乎，他只是慢熟。」

可是過了這麼久，他始終沒對妳說出任何關於未來的話。

妳也曾想走，但他一抱妳，一個吻，一個晚安，一句「今晚不要走」，妳就又心軟了。

這不是他愛妳，這只是妳把每一次擁抱當成他終於快要說愛的預兆。

他用擁抱留下妳，卻不承認妳占了他心裡的位置

他不是冷漠，而是太懂得怎麼給一點點溫暖。

他讓妳在身體裡找到安全感，但在現實裡卻從不給妳位置。

他說「妳很好」，但從來沒說「我想跟妳在一起」。

他說「有妳真舒服」，但從來沒問過「妳喜不喜歡這樣下去」。

妳不是不懂他在迴避，妳只是太怕一問出口，連那個擁抱也會失去。

妳捨不得放開，是因為他的懷抱像一座臨時收容所，而妳早就沒有其他地方可以去。

妳需要的不是他多抱一點，而是他願意正視這段關係

擁抱再久，也替代不了一句真誠的承諾；親密再多，也無法填補一段缺乏明確情感基礎的關係。

如果妳在他的懷裡感到安慰，那只是短暫的。

當妳每次醒來還是沒有「女朋友」的稱呼、沒有穩定的相處計畫、沒有未來的共識，那麼妳只是一個他用來填補孤單的存在，而不是他準備走進人生的人。

擁抱與親密行為與關係認知落差評估表

評估項目	是／否	發生頻率	備注說明
他是否經常主動擁抱妳、靠近妳？			含牽手、摟抱、親吻等
他是否從未用「愛」或「交往」來定義你們的關係？			如從不說明「我們是什麼」

評估項目	是／否	發生頻率	備注說明
妳是否因他的身體語言而延長情感投入？			如因擁抱、陪睡、牽手等而自我說服
他是否僅在私密空間表現親密，而非公開場合？			含不在他人面前靠近、不願公開出現
妳是否害怕主動提問，擔心破壞現有親密模式？			包括不敢問關係、不敢問未來、不敢談情感期待
妳是否已將他對妳的身體依附誤認為愛的表達？			包括「他只是還不會說愛」、「我感覺他在意」等想法

第三節
他說「妳比我老婆溫柔」，我卻被當按摩墊

他說我讓他安心，
我卻發現自己只是他的舒壓工具

他說我讓他放鬆。說我的聲音聽了就想睡覺，說我摸他的方式，比他老婆還懂他。他說跟我在一起，感覺自己可以什麼都不想，終於能喘口氣。

他說這些話時，我不知怎麼的，竟然有一點驕傲。

我以為，那是他對我發出的情感召喚。

我以為，這是他在家裡得不到的溫柔，在我這裡找到了。

他說他跟老婆的感情早就冷掉了，生活裡只剩下責任。他說她總是批評他、不理解他，只有我，讓他覺得自己是被看見的、被需要的。

我聽著這些話，沒有問更多。我只問他：「那你會後悔嗎？」

他說：「不會。我其實很感謝妳，讓我知道原來自己還能被這樣對待。」

我那天抱著他，覺得自己好像完成了一場拯救。

我以為我是他的港灣，是他被情緒壓力逼到崩潰邊緣時，唯一可以靠近的溫柔地帶。

直到某天，我突然意識到，他從來沒問過我：「妳累嗎？」

當妳變成一張情緒按摩墊，就沒人會在意妳也會痠痛

心理學上有一種角色稱為情緒承接者（emotional absorber），指的是在關係中專門承接另一方壓力、焦慮、創傷、欲望與傾訴的對象，但這種承接是單向的、沒有回報的，也缺乏對等性與照顧感。

他來找妳，因為妳不吵、不問、不抱怨；妳摸他的頭、抱

他的腰、聽他罵人、哄他睡覺；妳做的事情像極了一個全功能的慰藉機制。

但妳不是療癒師，妳只是個會疲憊、會需要被愛的人。

他從來沒想過妳也有需要。他說妳溫柔，是因為妳不讓他有壓力。他說妳不像他老婆，是因為妳從不對他有期待。

這樣的妳，當然比他老婆好 —— 因為妳根本不是一個完整的伴侶，而是一張讓他躺平休息的按摩墊。

他說妳讓他感覺被愛，其實只是在利用妳的愛感覺自己還值得被愛

他不是不需要感情，他是需要一種不會要回報的感情。

妳對他好，他就感受到「我還不至於那麼失敗」；妳抱著他，他就覺得「我還有一個人會願意給我溫度」。

但他從來沒說妳是誰。

他說：「我們之間不談感情，比較純粹。」

他說：「不要像她一樣一直問，我只是想安靜一點。」

妳把這些話當作他受過傷的證據，其實那些只是他用來掩飾自己不願投入的藉口。

他不是怕再受傷，他只是不想再為別人努力了。而妳剛好是個不需要他努力的人。

他說妳比他老婆溫柔，
卻從不讓妳進入他的真實生活

他不帶妳見朋友、不讓妳進入他的工作圈，不會在節日時陪妳，不會在妳生日時出現在餐廳門口。他只是出現在妳最孤單、最脆弱、最渴望有人理解的時候。然後，他給妳一點陪伴，再悄悄離場。

這不是愛，這是功能性互動。

妳安慰他，他獲得釋放；妳摸他的頭，他減壓；妳跟他發生關係，他入睡更安穩。

可是他從沒想過讓妳走進他的人生。他對妳說的每一句「妳比她好」，都是在用妳去證明他不是一個一無是處的丈夫。

妳只是他想當一個「比較不錯的自己」時所借用的鏡子——照完就好，不會珍藏。

妳不是比他老婆溫柔，
而是妳比他老婆「沉默」

妳沒有抱怨，沒有要求，不會和他爭吵，不會追問；妳說「沒關係」，他就更安然無事；妳說「我懂妳」，他就更不需要去懂妳。

妳以為這是愛裡的成熟，其實這是愛裡的自我矮化。

妳成全他的脆弱，犧牲妳的尊嚴。妳給他床、給他肩膀、給他耳朵，卻從來沒要回什麼。

而他之所以說妳「比他老婆溫柔」，不是因為妳真的比較體貼，而是因為妳還沒學會說不。

情緒承接型角色與功能性戀愛互動自我檢查表

評估項目	是／否	發生頻率	備注說明
他是否經常向妳傾訴對他婚姻或伴侶的不滿？			含批評、比較、抱怨現任或前任等語言
妳是否經常扮演安撫者、傾聽者的角色？			如主動安慰、陪睡、陪酒、開導等
他是否從未表示要給妳情感回應或承諾？			拒談關係、不承諾、不提未來等
妳是否因為他的溫柔言語而延長情感投入？			如「妳比她溫柔」、「有妳真好」等語句
他是否只在情緒壓力大時出現，之後又冷卻？			高頻率互動後急速淡出、失聯等情況
妳是否感到自己像「工具人」或「情緒垃圾桶」？			包含被利用感、自我否定、情緒勞動過勞等

第四節
我們說好不談感情，但我早就想他只愛我

我答應不動心，
卻在他抱我時偷偷掉了眼淚

我們一開始就說好了——「不要談感情，只是互相陪伴」。

我當時點頭，說：「我懂，我也不想複雜。」

說這句話的時候，我是真的以為我辦得到。

我以為只要不問、不幻想、不投入，這段關係就可以乾乾淨淨地運行，就像兩個成熟的大人，彼此溫柔，又彼此自由。

他也是這樣說的。他說：「我喜歡這樣單純的狀態，我們可以親密，但不要有壓力。」

我們說好不談愛、不談未來、不談妒忌、不談責任，但我從第一晚起，就開始偷偷替他鋪設未來。

我想過如果他哪天改變心意，我會怎麼回應；我想過他其實只是怕受傷，只是慢熟，只是還沒準備好。

我們在同一張床上共度無數個夜晚，他總會在我轉身時從背後摟住我，低聲說：「有妳在真好。」

我沒問那句「那我在你心裡到底是什麼」，因為我們說好了不談感情。

但我還是偷偷想 —— 如果他真的不在意我，為什麼那麼黏？為什麼每次都留我到早上？

後來我才知道，他沒違反約定，我才是那個出界的人。

不談感情的約定，只對沒有感情的人有用

這裡有一個詞叫做情緒偏向性契約破裂，也就是一方表面接受不投入感情的遊戲規則，實則早已心理失衡、自我投入，甚至過度投射。

這種狀況最常出現在「協議型親密關係」裡 —— 也就是我們口中的「不談感情」關係。

兩人靠得很近，卻不能問「你在哪裡」；可以做愛，但不能說「我想你」；可以過夜，但不能問「明天可不可以再見面」。

妳以為這是成熟、是理解、是灑脫，但其實那是妳拿自己心裡的渴望，去配合一場根本沒要給妳回報的互動。

他遵守規則不愛妳，妳卻在規則裡偷偷愛了他。

妳不是被騙，是妳自願在協議裡默默多給了一點

他沒有騙妳，他一開始就說：「我們這樣就好，不要多談感情的事。」

妳也點頭說：「我懂，我也不想太複雜。」

但後來妳發現自己會為了他不回訊息而難過，會為了他跟別人聊天而嫉妒，會為了他說「妳別想太多」而失眠。

妳說好不談感情，卻在每次親密互動後開始心跳加快。

妳說好不去想太多，卻在看見他睡得安穩時在心裡默念：「如果這樣就是愛該有多好。」

妳不是笨，是妳太相信人可以分得開身體與情感；但妳忘了，身體會記住那些溫度，而心，會在無聲中破口。

他沒有承諾妳什麼，
卻讓妳放棄了所有可能的人

當妳對一個人開始有了「他也許會改變」、「他只是還沒準備好」、「我再多陪一點就好了」這類想法時，妳就已經不是站在協議關係裡的等距點上。

妳在心裡等他開口，而不是等下一個讓妳被好好對待的人。

妳說「我沒在等」，但其實妳已經拒絕其他可能。

妳不是不想被愛，是妳把被愛的希望全部投注在一個根本沒打算愛妳的人身上。

這不是妳輸，是妳太希望這段關係能逆轉劇本。

但真實生活裡，沒有劇情反轉，只有長期自我消耗。

妳說好不談愛，但其實妳只是不敢說愛了也沒用

妳不是不想要愛，是妳怕說出來，他就走了；妳不是不想說痛，是妳怕一說痛，他就說：「妳違約了」。

那不是約定，是妳用來壓抑自己的手銬。

他從沒限制妳，但妳卻為了不失去他，把自己塞進了那個「聽話、不問、不吵」的形象。

他沒說愛妳，但妳卻用自己的所有想像，把這段關係補滿成戀愛的模樣。

這段關係的錯，不是誰說了什麼，而是妳明明想要愛，卻選擇了一個不會愛妳的人來等待。

協議式親密關係中情感投入失衡檢查表

評估項目	是／否	發生頻率	備注說明
你們是否曾明確約定「不談感情、不交往」？			含「我們這樣就好」、「不要想太多」等語言
妳是否在關係中主動投入情感與期待？			包含幻想未來、想獨占、想被定義等
他是否始終保持「不給名分但保留互動」的姿態？			拒絕談承諾、但仍持續親密關係
妳是否因此排除其他可能的情感關係？			含拒絕追求者、疏遠朋友、情緒壓抑等

評估項目	是／否	發生頻率	備注說明
妳是否曾因想表達愛意而刻意壓抑自己？			包括忍住告白、隱藏情緒、假裝沒事等
妳是否在「不談感情」的協議中不斷傷害自己？			包含自我懷疑、自責、心理耗弱等現象

第五節　他說我們只是彼此需要，然後不見了

他說「妳懂我」，然後在我習慣他之後，消失了

「我不是要騙妳，我只是剛好也孤單，妳懂我吧？」

這是他最後一次來我家的那晚說的話。我們剛躺完一整個週末，他沒說什麼情話，也沒再提未來，只是在走前說了這句話。

我點了頭，說：「我懂。」那時候我是真的相信——有時候兩個人短暫靠近，不需要名字，不需要定義，只需要剛好有人在。

我以為這段關係可以再維持一陣子。至少一個訊息、一通電話、一次晚餐。

結果那週他沒出現，下週也沒出現。訊息已讀未回，電話永遠響到語音信箱。

我開始擔心他是不是出了什麼事，還曾傳訊息問他：「你還

好嗎？是不是壓力太大？」

他回的最後一條訊息只有五個字：「最近想靜一靜。」

然後他就消失了。徹底地。像一場從不屬於我的煙火，結束時連道別都沒有。

他不是沒空，是沒必要

他說我們是彼此需要的存在。我以為那是雙向的，是一場彼此安慰、彼此撫平傷痕的短暫同行。

但事後我才明白，他所說的「彼此需要」裡，其實只有他有需要 —— 而我，只是那個剛好在場的人。

這種行為叫情感吸取，意指一方將另一方當作情緒調節工具、孤獨安撫裝置、性需求的暫時安放站，在獲得滿足後迅速抽離、不留責任、不給交代。

他不是忘了妳，他只是不需要妳了。

那晚他說得沒錯，妳的確懂他，只是妳沒想到他不會留下來等妳繼續懂下去。

他說「我們只是彼此需要」，但真正需要的，只有我

在這段關係裡，我以為我們的靠近是短暫卻真誠的，是一場沒有結局但有溫度的交集。

我以為他像我一樣，也在用這段非關係來暫時填補某個生命的空洞。

結果後來才知道，我的需求是想被愛、想被看見；他的需求，是想有人陪，但不要有人綁住他。

我們都不想認輸，但只有我輸得徹底。

因為只有我，在這段他「不見了就算了」的互動中，還留著一堆沒問出口的話、一堆空著的回憶座位、一堆為他清過的空床。

他可以把過去歸零，我卻還在夜裡數著我們見過幾次面、說過幾次「真好」。

他消失得太順理成章，是因為我從來沒有任何「資格」要求他留下

我沒跟他交往、沒答應他什麼、沒說我愛他，但我早就把自己交出去了。

所以當他不見時，我甚至沒有立場問他為什麼。

因為我們不是情侶，我不是女朋友，我只是「剛好懂他的人」。

這樣的角色太輕，輕到他離開時我連質問的權利都沒有。

我們之間從來沒有一個開始的標記，那他的離開，自然也不需要收尾。

妳不是被拋棄，是被卸載

他離開的方式像是手機移除一個APP：按住、刪除、不問、不看、不回頭。

而我還在原地重新整理對話框、反覆檢查是否封鎖、想著是不是我哪句話說錯了。

這不是感情的結束，因為從頭到尾根本沒有被他當作一段關係。

這只是一段功能完成後的終止，一場他利用妳完成自我調節之後的冷靜脫離。

而妳還以為那叫「我們短暫但真實地需要彼此」。

不是他太絕情，是妳當初太快動了情

他說他不是壞人，我也相信他不是。

他沒有說愛妳，也沒有說要交往。他說得很清楚：「我們只是彼此需要。」

是妳，在這句話裡找到了「也許他只是沒準備好」的希望。

是妳，在他每一次擁抱後，把功能性行為投射為戀愛的伏筆。

他沒有違反什麼，但妳卻為他的離開痛了太久。

因為妳不是在失去一段明確的感情，而是失去妳自己幻想裡那一段終於可以被愛的可能性。

瞬斷式模糊關係後遺症評估表

評估項目	是／否	發生頻率	備注說明
他是否曾用「我們只是彼此需要」類似語言來形容你們的關係？			如「不要有壓力」、「就這樣剛剛好」等
他是否突然中斷聯絡、既無說明也無道別？			包含不讀不回、封鎖、失聯等情形
妳是否在這段互動中未獲得明確身分卻已情感投入？			含期待未來、排除其他人選、自我綁定等
妳是否在他消失後仍常自我質疑、懷疑自己的問題？			如反覆回看訊息、責怪自己「太快動情」等
他是否於情感交流中僅以需求為導向，未進行照顧與回應？			僅找妳排解寂寞、性需求等單向互動
妳是否因關係缺乏定義而無法說服自己斷開？			包含拖延離開、假設他會回來、自我懲罰等

第六節　性可以沒有愛，但不能沒有自尊

我不是後悔發生關係，
而是後悔那次我沒有先問自己值不值得

我不是第一次這麼靠近一個人，也不是第一次在還沒確認關係前就發生親密行為。

我曾安慰自己：「這是大人的自由，是身體的選擇，不需要綁住誰，也不需要解釋。」

那天晚上他吻我時，我沒有抗拒。他說：「妳很特別，我現在真的只想靠近妳。」

我相信了，甚至有一點點開心。因為他用「只想」這兩個字，把我放進一個看似專屬的位置。

可是隔天，我起床的時候，他已經出門，只留下一句：「早餐在冰箱。」

我坐在他客廳裡，看著冰箱那袋便利商店的御飯糰，突然覺得胃痛——不是吃的問題，是那份孤單太刺眼。

我不是因為和他發生關係而後悔，而是因為我發現，整場親密裡，我只是在配合他的一切，卻從沒問過自己想要什麼、值不值得。

當妳只剩身體被需要時，妳會開始懷疑自己的價值

他沒強迫我，是我自己點頭的；他沒許諾未來，是我自己幻想的；他沒說愛我，是我自己把靠近當作回應。

所以當一切發生後，我也沒資格責怪他，只能責怪自己太天真。

但後來我才知道，我不是天真，我只是太渴望被肯定——渴望自己的溫柔會被記得，渴望自己的身體會被珍惜，渴望自己的主動不會被誤解成廉價。

我以為我夠成熟，能分清身體與感情；但其實我不過是假裝自己不在意，以為這樣就能保有一點點存在感。

真正讓人痛的不是性本身，而是那之後什麼都沒留下

我們可以不談戀愛，但不能沒有尊重；我們可以不說愛，但不能不顧感受；我們可以只是互相陪伴，但不能在用完彼此之後把對方當成空氣。

那次之後，他沒說分開，卻也沒再靠近。

他沒封鎖我，也沒再主動。

我傳訊息，他隔很久才回；我想見他，他總說：「最近有點事。」

我知道，我已經被放進「無需再回應」的分類裡。

而我，只是那場夜裡，他需要有人在旁邊時剛好可用的對象。

他用性證明他還被需要；我卻用性想證明自己值得被留下。

可是這兩種意圖，從一開始就注定不對等。

「隨便」不是錯，但妳要知道妳憑什麼對得起自己

性不是愛沒關係，隨性不是錯也沒關係，真正該問的是——這段關係裡，妳還剩下什麼？

如果妳不小心多付出，那是人性；如果妳為了一點陪伴就犧牲尊嚴，那就是妳需要停下來重新看見自己。

尊嚴不是高高在上，也不是冷酷無情，尊嚴是妳知道：

- 什麼時候妳該說不
- 什麼人妳不該再給第二次機會
- 什麼情況下，妳必須離開，哪怕對方還沒把話說死

妳可以主動，也可以柔軟，但妳不能為了留住一個不會珍惜妳的人，把自己賣得一文不值。

妳不是輸給他，
是輸給一場把自尊藏起來的賭注

那段關係裡，我輸得不是愛情，是我沒為自己設下停損點。

我不是沒能力說「夠了」，是我一直以為「再等等，也許他就會懂了」。

我不是不知道那段關係的走向，只是我不敢承認——我早就不被當成一個人來看待，而是變成了一種需求的解決方案。

我曾經說過：「我不後悔和他睡。」

現在我想說的是：「我後悔那時候沒挺起胸膛，把自己當成一個完整的人，而不是等著他肯定的工具。」

親密互動後自尊感消耗與自我定位評估表

評估項目	是／否	發生頻率	備注說明
妳是否在沒有明確情感承諾的前提下進行親密行為？			含未定義關係、不談未來但已發生性行為
他是否在發生親密後迅速冷卻或疏遠？			包括訊息減少、不主動約見、互動停滯等
妳是否將發生關係當作情感肯定的證明？			如：「他願意和我這樣，就代表他在乎我」

評估項目	是／否	發生頻率	備注說明
妳是否曾在發生關係後感到羞愧、自責或價值感下降？			包括失眠、情緒低落、自我懷疑等
他是否未給予任何尊重性回應，例如關心、陪伴、承諾？			僅當作一夜關係、無視情緒狀態等
妳是否因此無法再與其他人建立健康的親密互動？			包含拒絕新關係、自我懷疑、自尊受損等

第六章
他說「我們不能這樣」，卻吻得比誰都真

第一節
他是我朋友的男友，我卻愛得比誰都深

他牽著她的手走進聚會，眼神卻在我身上停了兩秒

我第一次見他，是在朋友家的生日派對。他陪我朋友來，是她介紹給我們的男友。那時他坐得安靜，但眼神總不經意地掃過我，像是一種禮貌，也像是一種微妙的好奇。

我記得那晚下了雨，我忘了帶傘。他站在門口等車時開口對我說：「要一起撐嗎？反正順路。」我沒有拒絕。雨聲淋在傘邊，他說得不多，只問我住哪裡、最近工作忙不忙。

我告訴自己：「他只是有禮貌。」

但從那之後，我們開始有了更多私訊。他會回限時動態、傳笑話給我，甚至在某次聚會後說：「妳總讓我覺得特別放鬆。」

我一直提醒自己：他是我朋友的男友。

可是，我越是告訴自己這句話，就越控制不住想靠近他的衝動。

我沒想要搶人，我真的沒有。我只是無法抗拒那種「他懂我」的感覺，尤其是當他開始說出那句——「如果我早點遇見妳就好了。」

當愛開始跨越界線，妳其實知道錯了，只是停不下來

我們稱這種情感狀態為道德錯位式依戀，指的是明知對方已有伴侶、情境不允許靠近，卻在內心自我美化、合理化「我們的例外」，進而放大彼此情緒連結的重要性。

他沒有說要離開她，但他開始對妳說：「我其實沒有她想像中那麼好。」

他沒有約妳單獨見面，但他會對妳說：「有妳陪著聊天真的不一樣。」

妳不是不懂這些話有問題，妳只是太想相信自己對他是特別的。

妳安慰自己：「我們沒有發生什麼」、「我只是比她更懂他」、「他在我面前才是真實的自己」。

妳把這段關係從「第三者」翻譯成「心靈的契合者」，甚至覺得你們之間的真實，比他的戀愛還要有重量。

可是，妳不能公開、不能擁有、不能說。妳只能繼續當他下班後想吐苦水的對象，聚會裡眼神會停留的方向，偶爾越線、然後又假裝沒發生的情感共犯。

他什麼都沒說破，卻讓妳無法脫身

他沒告白，但他總是在妳快要斷開的時候說：「我們還可以當朋友吧？」

他沒越界，但他總是剛好出現在妳最孤單的那一刻；他沒說愛妳，但他總讓妳懷疑：「他是不是其實也在忍住什麼？」

妳不是沒有想過離開。妳曾試著冷淡、已讀不回、不再赴約。

但他一個訊息「最近好嗎？」妳就又破功。因為那不是一句簡單的問候，那是妳千萬次自我說服裡最想聽見的破口。

他讓妳相信你們之間有什麼，就夠了。

他不需要做出選擇，因為妳早已把選擇權讓給他。妳退後，讓他可以既保有現任，也保有妳。

妳以為妳在等待一個可能，其實妳是在消耗所有的自尊

妳不是不痛苦，妳只是怕承認自己已經輸了。

輸給那個一開始就不屬於妳的人，輸給一段妳從未被看見的感情投入。

輸給妳以為你們之間「只是剛好錯過時機」的幻想。

但事實是：他從沒打算調整時機，只是從沒放棄讓妳原地等。

妳對自己說：「只要她不懂他，他就還需要我。」

「只要我不逼他，他總有一天會靠近。」

可是他沒有。他只是在享受妳給他的自由與理解。妳成了他戀愛壓力裡的喘息空間，卻不是他打算帶進人生規劃裡的角色。

妳不是第三者，是被他拖進劇本裡的隱藏角色

妳以為妳是背叛者，其實妳是被情緒操縱的合作者。

他讓妳對自己產生「特殊存在」的錯覺；他讓妳為了保有這段關係，學會壓抑、壓縮、壓下自己的底線。

他沒有責怪妳愛上他，卻也從不為妳阻止那場錯誤的靠近。

他說：「我們不能這樣。」

然後在燈光暗下的那一刻，他吻得比誰都真。

妳想問：「那為什麼妳還要靠近？」

但妳開不了口，因為妳知道 —— 一旦說破，他可能真的就不會回頭了。

道德錯位式依戀與隱形三角關係風險檢查表

評估項目	是／否	發生頻率	備注說明
他是否已有明確伴侶，卻仍與妳有私下情感互動？			含親密私訊、越線曖昧、情緒傾訴等
妳是否將自己定位為「比他現任更懂他」的人？			包含合理化靠近、淡化第三者身分等

評估項目	是／否	發生頻率	備注說明
他是否用模糊語言維持妳的情感期待？			如「如果早點遇見妳」、「妳真的很特別」等
妳是否曾試圖抽離但因他一句話而回頭？			含「只是朋友」、「不能沒妳」等拉回語言
妳是否因道德壓力而長期隱忍、不敢訴說？			包括內疚、羞愧、對朋友失言等壓抑情緒
妳是否曾將這段關係視為「更純粹的愛情」？			以靈魂契合、錯過時機等方式自我說服

第二節　他說「對不起」，卻從不停止靠近

他說他不該這樣，卻一次又一次找上我

「對不起，我真的不應該讓妳這麼難受。」

這是他在我們第三次發生關係之後對我說的話。

他坐在我床邊，穿著還沒扣好的襯衫，語氣真誠，眼神也有一種低垂的愧疚感。他說他知道我們這樣不對，說他不想傷害我，也不想讓彼此困在這樣的關係裡。

我聽著他說的每一句道歉，心裡卻只想著一件事 —— 如果妳真的這麼後悔，為什麼還要抱我？

我沒問出口。

因為他的歉意像是一張柔軟的毯子，剛好蓋住我內心那些無法正視的委屈。

他的道歉從來不大聲，卻總在我想抽離時出現。

每次我拉開距離，他就來找我；每次我問「那我們怎麼辦？」他就低頭說「對不起」；然後繼續靠近、繼續牽手、繼續吻我、繼續說「我們不能這樣」。

「對不起」不是終點，是他繼續靠近的開始

在心理關係操作中，「道歉」常常不是真誠的反省，而是一種情緒性再綁定手段。

也就是說，他知道妳快走了，所以先認錯；但他不會離開錯誤，只是要妳留下來繼續陪他錯下去。

他說他沒辦法控制感覺；他說他也痛苦、不想這樣；他說他不是故意的，只是太依賴妳。

這些話每一句都像是告解，也像是邀請 —— 邀請妳再陪他多錯一次。

妳原諒了，因為他看起來那麼懊悔；妳留下了，因為妳相信他真的有掙扎；妳再靠近了，因為妳想證明：這段愛其實值得被原諒。

他用「後悔」把妳困在「無法結束的關係」

他不是壞人，他會低頭說對不起，他會幫妳蓋被子，他也會抱著妳說：「妳真的太好了。」

妳心軟，是因為妳以為他的歉意是感情的一種。

但實際上，他的「對不起」從來沒有帶來行為的終止，只是一種讓妳停下腳步的情緒麻醉。

每當妳問：「你為什麼又來找我？」

他說：「我真的控制不了自己。」

妳又一次原諒，然後又一次失落。

妳以為妳能治好他的愧疚，其實妳只是在替他的不負責善後

妳變得越來越體貼，越來越懂事，甚至連「你會不會後悔」這句話都不敢問了。

妳安慰他：「沒關係，我也不是沒錯。」

妳說服自己：「他只是還沒準備好、他還有困難、他也很內疚。」

妳沒有發現，那些內疚說多了，就不再稀奇。

他不是不清楚這段關係的問題，他只是知道，只要說一句「對不起」，妳就不會走。

他的懊悔成了妳繼續待在這段關係裡的依據，而不是結束它的理由。

他口中的「我們不能這樣」，其實是「請妳先忍一下」

他說：「我們不能這樣繼續下去。」

妳以為他終於要做決定，結果他下一句話是：「但我真的捨不得妳。」

他從不斷開，也不說在一起，只用一句「我知道錯了」，讓妳每次都陷入「也許這次真的不一樣」的自我催眠。

事實是，他說完「對不起」後，繼續約妳出來、繼續在妳房間過夜、繼續說「只有妳懂我」。

這不是懊悔，是情緒操縱。

他不是不知道該離開，他只是不想自己承擔離開後的空虛，所以寧願讓妳背負關係所有的後果。

情緒性道歉與行為未變化的關係操控檢查表

評估項目	是／否	發生頻率	備注說明
他是否經常在妳想結束關係時主動道歉？			含「對不起」、「我真的不該這樣」等語言
他是否在道歉後依然重複相同行為？			如繼續約見、繼續發生關係等

評估項目	是／否	發生頻率	備注說明
妳是否因他的歉意延長了關係停損點？			包含原諒次數過多、持續投入等
他是否從未提出實質改變或承諾？			無行動、無解釋、無未來規劃
妳是否感覺自己在「原諒」中越來越失去自我？			含情緒疲乏、自我否定、價值混亂等
妳是否常在關係中扮演理解他、修補錯誤的人？			主動挽回、情緒照顧、合理化傷害等

第三節
他說「我不會讓妳受傷」，卻從沒保護過我

他說得那麼動聽，但我還是自己在承擔全部的痛

「我不會讓妳受傷，我發誓。」

那時他握著我的手，眼神認真、聲音低沉，我以為這句話可以是我們之間混亂關係裡最堅實的支撐點。

我們沒有承諾，也沒有身分。他從沒說我們是什麼，只是一直重複一句話：「妳放心，我不會傷害妳。」

但後來我才知道，「不讓妳受傷」這句話從來沒有落地。

因為每一次讓我失望、哭泣、懷疑、委屈、崩潰的時刻，

全都發生在他說完那句話之後。

不是他不記得，是他從來沒打算真的負責。

他沒辦法給我名分，卻要我乖巧懂事；他沒辦法讓我公開，卻希望我能體諒他有壓力；他沒辦法留在我身邊，卻每次都說：「我真的不想讓妳受傷。」

到最後，我才明白，他不是不讓我受傷，他只是不想看見我在他面前受傷的樣子。

「我會保護妳」是他最不需要實踐的保證

這類說法稱為慰藉性承諾語言，這是一種高情緒價值、但幾乎無行為負擔的語言模式。

換句話說，他用一句話給妳情緒上的穩定感，但卻不需要為這句話負責任何具體行動。

他說：「我會在妳需要的時候出現。」

但當妳真正需要他，他總是說：「剛好在忙，晚點可以嗎？」

他說：「我不會讓妳一個人面對。」

但當妳情緒崩潰、走投無路，他卻只回一句：「妳要自己堅強一點。」

這些不是忘記，也不是無能，是他從沒真正想過要承擔那句話背後的責任。

他想當妳的避風港，但他從不承擔任何風暴

他說：「我真的想給妳一個安全感。」

但妳每一次的不安，最後都要自己吞下去。

妳問他「我們到底是什麼？」

他說：「我們是彼此很重要的人」，卻從不說明天還會不會聯絡。

妳問他：「這樣的關係可以繼續多久？」

他說：「我不知道，但我會照顧妳」，然後下一次見面已經是一個月後。

他的保護，是語言的；妳的傷害，是實體的。

他用一種看似柔軟的方式讓妳留下，但從不建立起一個能夠讓妳安心的結構。

妳不是他沒保護好，
而是妳一直在保護他的為難

每一次妳問他問題，問得太深，他就說：「妳是不是又多想了？」

妳就收回情緒、不敢再問。

妳想要更確定的答案，他就說：「妳要我怎麼保證？我現在真的很亂。」

妳就開始為他想：「他也有他的壓力，他也不容易。」

妳不是不懂妳正在受傷，妳只是太怕一旦說出口，他就會遠離；於是妳開始保護他的難處、保護他的不願選擇、保護他還沒準備好的藉口。

妳說：「沒關係，我可以等。」

妳說：「不要逼他，我只要他還在就好。」

但結果是：妳花了全身力氣保護他的掙扎，卻沒有人保護妳。

他說他怕妳受傷，其實他只是怕妳傷了他留下的理由

他不是不怕妳痛，而是怕妳痛了之後他就得做選擇。

他說他不想讓妳哭，因為他知道如果妳再哭下去，他就得回應那份情緒。

他說他想照顧妳，因為那樣他才可以繼續出現在妳的生活裡，不被驅逐。

他不是怕妳受傷，而是怕妳有天痛夠了，真的離開他。

於是他每次說「我不會讓妳受傷」，其實都在說：「請妳不要現在走，讓我再留下來一點點。」

他要的是妳對他溫柔、理解、安靜而有彈性；他要的是妳能永遠不問出口、永遠不要求什麼；他要的不是讓妳更好過，而是讓他在妳面前繼續當一個「看起來像好人」的人。

語言式承諾與行為保護落差自我檢查表

評估項目	是／否	發生頻率	備注說明
他是否經常使用「我不想讓妳受傷」等慰藉語言？			含「我會照顧妳」、「我不會傷害妳」等
他是否未曾在妳情緒崩潰時主動提供實際支持？			如未出現、未傾聽、未陪伴等
妳是否常在受傷後仍為他找理由緩頰？			如「他只是有壓力」、「他也不容易」等
他是否從未提供一個明確的未來規畫或關係定位？			含迴避責任、模糊定位等
妳是否經常為了不讓他難堪而隱忍自己的需求？			包括壓抑情緒、迴避衝突、不敢開口等
妳是否在關係中感受到「他說很多，但做很少」？			包含言行不一、承諾落空、情緒落差大等

第四節
他不想背負責任，我卻甘願幫他扛祕密

他說這段關係不能被發現，我卻替他學會了怎麼說謊

我們不是不能在一起，而是不能被別人知道在一起。

他說：「我們這樣，誰知道了都會不好看。」

他說：「不想讓妳被罵，也不想我變成壞人。」

他說：「有些感情，適合藏起來。」

我不敢反駁。

因為當他靠近的時候，我什麼都不想問，只想繼續待在那個只有我們知道的角落。

他不讓我打電話給他，只能傳訊息；他不希望我在公開場合對他太熟絡，只能默默地待在邊緣。

他說：「等我處理完一些事，我們再看能不能更自在一點。」

我真的相信了，甚至開始覺得自己是一個懂事又忠誠的情人。

別人問起我最近怎麼樣，我總是笑笑地說：「忙啊，沒什麼特別。」

明明前一天才和他躺在一起過夜，但我卻從不對任何人提起。

因為我已經學會怎麼替他守口如瓶，怎麼把一段明明真實的關係，活成一場沒有痕跡的夢。

他要妳低調，是為了保護他，不是保護妳

這類關係中的角色稱為情緒代償者，指的是一方在關係中承擔過多保密與遮掩的壓力，來補償另一方逃避責任的輕鬆與自由。

他說他不想讓妳被指責，事實上他是怕自己被貼標籤；他說他不想妳捲進複雜的局面，實際上是怕自己在這場關係中失去形象；他說他不能對不起別人，但他卻可以在妳這裡一次次

越線、一次次說「我們就這樣就好」。

他不是不知道妳在隱藏，也不是不懂妳有多委屈。

他只是心安理得地把所有壓力交給妳，因為妳不會讓他難堪、妳太容易原諒。

妳不是在保護這段感情，是在一點一滴消耗自我價值

妳原以為替他隱藏，是保護你們的愛情。但實際上，那只是妳用自己的人格與誠實，為他做情感代償的交易。

妳開始說謊，不只是對朋友，也是對自己。

說妳不在乎名分，說妳能等；說你們只是互相陪伴，說妳沒期望什麼。

但妳每天都在檢查他有沒有回訊息、有沒有在限動按讚、今天會不會剛好在路上遇見他。

妳用「不說出口」維持一段讓自己漸漸變小的關係。

妳對他溫柔體貼、沉默配合，妳成了他最安全的祕密保管人，卻也成了這段關係裡最不被保障的那一個人。

他不願負責任，妳卻反過來替他說話、替他遮掩、替他理解

他每一次說「妳懂我」，妳就覺得自己是特別的；他每一次說「我現在還不能處理」，妳就覺得他一定是在想辦法；妳成了

那個在背後幫他美化現實、理解脆弱、安撫焦慮、甚至代替他面對壓力的人。

他從來沒求妳這樣做，但妳卻自願做到底。

不是因為妳不懂得保護自己，而是妳太怕他一轉身就走。

妳寧願低頭說「我沒關係」，也不願冒險失去他那幾句不痛不癢的關心。

但愛不是一場默契的祕密交換，愛應該是讓妳變得更堅定、更坦然，而不是一個人背著所有沉重，還告訴自己「他只是現在沒辦法」。

他留妳在暗處，是因為妳不會逼他走進光裡

如果妳哪天大聲問他：「我們到底算什麼？」

他就會說：「妳為什麼突然變得那麼強勢？」

如果妳說：「我不要再偷偷摸摸了。」

他就會說：「我們不是說好了彼此舒服最重要嗎？」

他讓妳以為要求是自私，讓妳相信沉默才是懂事。

他用那些半真半假的溫柔與負疚感綁住妳，讓妳不敢往前，也不忍離開。

而妳，早就習慣在黑暗裡守著一份沒人看見的愛情遺跡。

情感遮蔽與責任逃避下的自我壓抑關係評估表

評估項目	是／否	發生頻率	備注說明
他是否多次要求或暗示妳不要讓別人知道你們的關係？			如「不要讓別人誤會」、「這樣對妳我都好」等語言
妳是否經常替他隱瞞與妳的互動細節？			包括行蹤、訊息、情感事實等
他是否從不主動為你們的關係承擔風險？			不說明、不解釋、不出面處理關係外溢問題
妳是否為了保護這段關係而說謊或壓抑自己需求？			包括否認關係存在、壓抑情緒反應、封鎖情緒出口等
妳是否經常主動美化他「沒有責任行為」的理由？			幫他說話、解釋沉默、替他打掩護等
妳是否覺得自己像一個替他扛下所有後果的情感替身？			含情緒枯竭、價值感消退、孤獨感強烈等

第五節　他說這只是意外，卻早就開始鋪局

他說是酒精讓他失控，可他根本沒有醉

那晚我們在一場朋友的聚會後離開。他說：「太晚了，我送妳回家。」

車子停在巷口，他沒急著走，我也沒下車。車窗結了霧，他轉過頭看著我說：「今晚很開心，謝謝妳陪我。」

我笑笑說：「我也……」下一秒他就親了我。

那一個吻，我以為是意外，直到後來我們再見面，他主動靠得更近，話語開始變得曖昧，甚至傳訊息問：「那晚我做得太過分嗎？但我真的控制不住。」

他說這句話的時候，眼神裡沒有慌亂，只有一種自信——那種知道妳會原諒的自信。

他說那一切是「意外」，但事後的每一個動作都證明，那不是衝動，是早就設計好的鋪陳。

從他刻意單獨送我回家，到他安排的話題、掌控的氛圍，甚至連那句「我最近真的很累」的傾訴，也像是讓我自動卸下戒心的開場白。

他說「沒想到會變這樣」，但每一步都踩得太準

默認型關係誘導，指的是一方在明知界線存在的情況下，透過漸進式親密與模糊語言引導對方投入情感與行為，而後再以「這不是我計畫的」卸除責任。

這類人最大的特徵是：

- 永遠在關係邊界前試探，但不明說；
- 總在妳靠近後裝無辜，說一切都是「自然發生」；

◆ 行為上明確占有妳，語言上卻始終保留退路。

他說：「我也很意外。」

但他從不避嫌，從不拒絕，從不停止。

這不是偶然，而是有意放手讓事態發展，然後用一句「我真的沒想太多」脫身的技巧。

他說他也在掙扎，妳卻從沒看見他停下來過

妳以為你們只是剛好錯過界線，但他其實根本沒想過要遵守界線。

他不是不知道自己已經傷害到妳，他只是篤定——妳會說「沒關係」。

他靠近，妳退後，他說：「對不起，我不該這樣。」

他親妳，妳沉默，他說：「我真的不知道自己怎麼了。」

然後隔天，他又照常傳訊息問：「今天過得好嗎？」

妳不是被意外撞傷，而是被預謀假裝成意外的情感操作拖著走。

他從不主動提進一步的關係承諾，卻持續給妳情緒上的依附；他從不說妳是他的誰，卻每次都用「我需要妳」讓妳放不下。

他說是意外，
是因為他知道妳還不想相信這是設計

妳不願承認那不是失控，是因為一旦承認，妳就得承擔自己從頭到尾都看錯了他。

妳不想相信自己是被利用的，所以寧願相信「他只是還沒想清楚」、「我們都被情緒推著走」。

他說那晚不該這樣，卻再一次邀妳去他家看電影；他說不應該發展感情，卻在半夜傳訊息說：「剛剛夢見妳。」

他讓妳以為你們只是剛好在錯的時間點靠太近，但其實，他從來沒有要讓這段關係遠一點。

妳不是輸給了那場「意外」，
是輸給了自己想相信他的樣子

我們有時候不是被愛傷害，是被自己假想出來的愛的模樣捆綁。

妳不是看不清楚，而是妳太想相信：

- 他其實有糾結，只是不敢說出口；
- 他其實也痛，只是藏得很深；
- 他其實在乎，只是時機不對。

但他真正的樣子，是一個不說明、不承認、不結束的旁觀者，妳卻在他身邊演出了一整齣沒有劇本的深情戲。

他說「意外」，妳就信了；他說「我沒打算這樣」，妳就為他說：「沒關係，我也沒怪妳。」

妳不是不值得被愛，是妳一直把「對不起」當作「我其實在乎」的翻譯錯誤。

默認型情感鋪局與語言性脫責檢查表

評估項目	是／否	發生頻率	備注說明
他是否用「我也沒想到會這樣」來解釋越界行為？			含「意外」、「當下控制不住」、「不是計畫中」等語言
妳是否發現他有長期鋪陳親密接觸的模式？			如慢慢拉近距離、刻意創造兩人時光、情緒傾訴誘導等
他是否在行為越界後仍持續靠近而非後退？			如繼續約見、維持曖昧訊息等
妳是否在他說「這不是故意的」後選擇壓抑情緒？			包括不追問、不生氣、反過來安慰他等
他是否從未釐清界線、也未提供未來方向？			含不定義關係、不處理後續、不談情感結構等
妳是否在自我懷疑與原諒他的循環中反覆卡住？			含自責、合理化、幻想他有苦衷等

第六節　禁忌的感情，不是最難戒，是最上癮

他讓我痛苦，但我戒不掉他

我們不是在一起，也不是分不開，卻一直斷不了。

他說我們不能再這樣，下一秒卻還是吻我；他說他很愧疚，但還是約我見面、還是傳「在想妳」；他說這段感情不該存在，可是他每次靠近都比上次更深。

我不是不知道這樣不對。

不是不知道他有另一半，不是不知道我在替代她承擔所有背叛與不忠，不是不知道我每次說「這是最後一次」之後都還會再回頭。

我都知道。

但我戒不掉 —— 不是因為他太好，而是因為這段禁忌關係裡的所有刺激、逃避、隱藏與靠近，早就讓我上癮了。

被禁止的甜，最容易讓人錯認為深愛

有一種情感機制叫做風險增值效應，當一段關係被標上「不能」、「不應該」、「不合法」、「不可公開」時，人的大腦會自動把這段關係的情緒價值放大。

簡單來說，越禁忌，越興奮；越不能說，越投入；越得不

到，越以為那才是真正的愛。

妳會把見面當勝利，把親吻當特權，把一通凌晨的訊息當作他心裡還有妳最深的證明。

妳甚至會說服自己：「如果這不是愛，那為什麼他還願意為我冒風險？」

但妳沒有想過，他其實沒有在冒風險，風險都在妳身上。

他有身分、有關係、有退路；妳有委屈、有壓抑、有不能說的痛。

妳不是愛他愛得深，是捨不得從這段上癮中退場

我們常說：「我捨不得他。」

但更多時候，我們捨不得的不是那個人，而是那個我們在這段關係裡拚了命演出的自己。

那個願意忍受冷落、等訊息、默默守口如瓶的自己；那個為了見他一面改行程、為了他一句話就原諒他的自己；那個把整個愛變成冒險，然後在午夜獨自收拾情緒的人。

這段感情不是愛上癮，是痛上癮、補償上癮、自我感覺上癮。

妳想證明自己值得被例外地愛一次。

但他從沒例外，他只是剛好懂妳成癮的機制，剛好知道什麼時候不出現，什麼時候傳一句「想妳」，就能讓妳回頭。

他每次說「不能再這樣」的當下，其實是他最清醒的時候

他從來沒有真正停下來。

因為他知道：「只要我不說結束，她就會自己找理由留下。」

妳不是真的以為會有未來，妳只是無法接受自己付出這麼多卻什麼都不是。

所以妳寧願繼續待在這個高風險、低回報的情感賭場裡，繼續輸、繼續哭、繼續說「這是最後一次」，卻一次比一次更離不開。

這段關係裡最殘忍的是 —— 他早就習慣妳放不下他，而妳還以為他也捨不得妳。

妳不是不值得被愛，是妳一直把「上癮」誤當成「深情」

上癮是一種慣性。

當妳習慣了一個人忽冷忽熱時給妳一點溫度，當妳習慣了一段關係總是斷不了又說不清，妳會錯把焦慮當成愛、把拉扯當成激情，把自己傷得越來越重還說：「這就是真愛的代價。」

不是。

那不是愛，那是妳從未相信自己值得一段坦白而完整的愛，才選擇用殘缺的情感來證明自己的價值。

違規式親密關係成癮性與反覆循環警示檢查表

評估項目	是／否	發生頻率	備注說明
他是否多次說「我們不能這樣」，但從未真正中止？			含持續互動、情緒牽連、反覆靠近等
妳是否曾多次嘗試斷開但始終又回頭？			包括封鎖又解除、說結束又回訊息等
妳是否將這段關係的「刺激感」誤當成「深情」？			如因冒險、偷偷見面而誤以為是愛的證明
他是否從未為這段關係承擔實質風險與責任？			包括不公開、不負責、不解釋等
妳是否在關係裡出現成癮式行為？			如強烈依賴、失眠、情緒震盪、價值感混亂等
妳是否在關係中感覺越投入越失去自己？			包含自尊低落、社交斷裂、長期精神疲乏等

第七章
他對我傾訴，卻不給我愛

第一節
他說「妳是我唯一信任的人」，卻愛上別人

他說只有我懂他，可是最後不是我走進他心裡

「這個世界只有妳懂我。」

他在凌晨兩點傳來這句訊息的時候，我正要準備睡覺。看見這句話，我的心跳加快，像被認可、像被選中。

我們不是戀人，卻比朋友更親密。

他從沒跟我表白過，但每次情緒失控、人生迷惘、壓力太大時，第一個想到的總是我。

他說他無法對別人講的心事，只敢對我講；他說他不想讓身邊的人擔心，只有我，他能坦白脆弱；他說我不一樣，是「特別的存在」。

我以為，那些深夜裡的對話，那些「只有我能懂」的共鳴，會讓我慢慢走進他的心。

我甚至告訴自己：我不急，只要一直陪著他，他總會發現，我才是那個真正理解他的人。

直到他某天傳來訊息說：「我交往了，她給了我久違的安全感。」

我看著那句話，手指顫抖，不知道該回什麼。

不是因為他交了女友，而是他明明說過，我是他最信任的人。

那一瞬間我才明白 —— 原來「信任」和「愛」，根本不是同一回事。

他把妳當避風港，卻從不讓妳登陸他的島

有一種關係結構稱為單向情緒依附，一方不承諾、不靠近、不負責，卻持續依賴對方的情緒承接與心理安撫。

妳不是不重要，妳只是剛好提供了他最方便的出口。

他找妳，不是因為愛妳，而是因為妳讓他說話不需要修飾；他找妳，不是因為想照顧妳，而是因為妳總能照顧他的脆弱；他說「妳懂我」，其實只是說「我可以在妳面前不裝沒事」。

但他要的戀人不是妳。

他在找戀人時，想的是另一種能「撐得起他形象」的對象。

而妳，太像一面鏡子，照見了他的不堪、崩潰與赤裸，所以他信任妳，但不敢把妳放進他的「人生簡介」。

妳不是他唯一信任的人，
妳只是唯一不會離開他的人

他知道妳會接住，知道妳不會逼問，知道妳總是等他、回他、安慰他，不論妳自己有多累。

妳的情緒很少被看見，因為妳總在接他的情緒；妳的需求很少被回應，因為妳太習慣只給不拿。

他說妳是他唯一信任的人，但其實他信任的不是妳，是妳的沉默、妳的理解、妳的不計較。

而妳的這一切成全，最後成了他理直氣壯去愛別人的底氣。

妳不是沒被選，是從來沒被考慮在選項裡

他說他想要的是一個溫暖、安定、不會讓他再失控的人；妳以為妳就是那樣的人，因為妳從不讓他失控，妳總是讓他安心。

但事實是，他要的不是一個讓他坦白的人，而是一個能讓他演戲演到底的人。

妳太真，太近，太清楚他的人性，所以他對妳無法編劇，只能告解。

他說妳懂他，但他不想被懂太多，因為懂的人會看穿他根本沒想改變。

他說妳最了解他，可是他選擇愛一個不用面對太多真實的人。

妳不是輸在不夠好，而是他從來就不是要找一個看得見他靈魂的人來愛他。

妳承擔了所有他不願面對的黑暗，卻沒分到一點他的光

他說他低潮、說他痛苦、說他沒人懂、說他快撐不下去，而妳一次次接住他，一次次陪他從夜裡哭到天亮，一次次說：「我在這裡。」

妳不是他的垃圾桶，妳是他的避難所。

但妳沒想到，他修好自己之後，第一件事是走出去，而不是轉身擁抱妳。

妳看著他牽著別人的手，在社群上公開愛情；而妳，只能繼續扮演那個深夜才能聯絡到、白天只能裝不認識的那個「信任對象」。

他從沒說妳不重要，他只是從來沒讓妳成為重要的「那一個」。

單向情緒依附關係與感情落空警示檢查表

評估項目	是／否	發生頻率	備注說明
他是否經常只在情緒低落時找妳？			包含凌晨聯絡、失落傾訴、負面情緒轉移等
他是否曾強調妳是「唯一懂他」的人？			含「只有妳能理解我」、「我信任妳勝過其他人」等語言

評估項目	是／否	發生頻率	備注說明
妳是否長期提供安慰卻未獲任何情感回應？			無關係進展、無實質承諾、無公開互動等
他是否另與他人發展感情，並淡化妳的存在？			包含明示他已有對象、轉移依附對象等
妳是否因他的一句「我信任妳」而無法斷開？			含自我矮化、自我說服、延長情感依附等
妳是否在關係中常感受到被利用與失落交替出現？			包含心理疲乏、價值混淆、自我懷疑等現象

第二節　他只在難過時找我，快樂時永遠消失

他說我讓他安心，可是我從沒參與過他的幸福

我已經不記得他第一次傳訊息給我是什麼時候了，但我記得他每次聯絡我，都不是因為開心，而是失落。

他工作不順，會傳：「我覺得自己什麼都做不好。」

他跟伴侶吵架，會說：「妳會不會覺得我很糟？」

他有孤單的時候，會說：「我現在真的只想跟妳講話。」

我總是回。他說一、我懂十；他哭一句，我聽一夜。

他說我很會安慰人，說跟我聊天比什麼都重要。

我以為這樣的我，是特別的。

但每當他情緒穩定了，他就消失。

他不會主動傳訊息，不會問我過得好不好，也不會記得我說過什麼。

直到下一次他又情緒崩潰，他又出現在訊息列表第一位。

而我，還是回了他。

情緒式關係不是愛，是習慣找妳「修復自己」

這種互動稱為情緒支撐式互賴，當一方習慣在情緒低潮時尋找特定對象排解孤單、獲取慰藉，卻不對這段互動負責任地維繫或回報，形成「一方給予安慰，一方消耗情緒」的不對等依附關係。

妳不是他的朋友，也不是他的情人。

妳是他難過時的藥、失控時的緩衝器、痛苦時的情緒垃圾桶。

而當他一恢復元氣，他就離開，因為他從沒打算留下來陪妳處理妳因此而累積的失落。

他不是沒空，是他只把妳當緊急聯絡人

妳傳訊息，他很久才回；妳開心地分享生活瑣事，他只簡短點個「嗯」、「不錯」；妳試著邀約見面，他總說最近很忙、心

情不對、工作太多。

但當他人生出事、情緒崩潰、夜裡失眠，他卻準時出現在妳的聊天室 —— 不是因為他想妳，而是他又需要妳了。

他讓妳以為這段關係是深的，是值得的，是需要時間沉澱的；但事實是，他從來沒把妳放進他的快樂人生。

妳只能在他痛苦的時候被需要，卻永遠沒資格分享他的好消息。

妳不是他信任的人，只是他情緒的低成本依賴選項

妳問他：「你怎麼都不主動找我？」

他說：「我不想打擾妳。」

妳說：「我們之間是不是太單方面了？」

他說：「妳想太多了，我一直都很感謝妳。」

這些語言看似體貼，其實本質上都是規避責任的客套話。

他知道妳會留著，知道妳總會在，知道妳比任何人都願意接住他。

所以他不需要主動維繫，他只要在需要時打開這個「妳」的按鈕，妳就會出現。

妳說他不是壞人，我也相信他不是。

但他是一個把妳的情緒當作工具、把妳的愛當作供給的自私的人。

他享受妳的存在，但從不珍惜妳的付出。

妳不是不夠好，而是太容易對他有反應

他不找妳，因為他知道妳會主動找他；他不回妳，因為他知道妳會理解他有事；他不主動愛妳，因為他知道妳會一直等。

而這樣的妳，剛好成為他最輕鬆的情緒依賴對象。

妳說妳能承受，說妳不期待什麼，但每一次他不見妳都還是會難過，每一次他有事才找妳，妳都還是會哭。

這不是因為妳不夠堅強，是因為妳一直用愛在自欺，而他從來沒打算回愛。

情緒依賴關係中的互動不對等檢查表

評估項目	是／否	發生頻率	備注說明
他是否僅在情緒低落或人生困難時聯絡妳？			如深夜傾訴、失戀、工作失意等情況
他是否在情緒恢復後迅速冷淡、消失？			包括已讀不回、話題冷場、不再主動等
妳是否經常為他的情緒做出付出卻未獲回應？			含傾聽、安慰、延後自己行程等

評估項目	是／否	發生頻率	備注說明
他是否從不主動分享他的快樂或生活成就？			包含刻意隱瞞、不分享照片、僅限悲傷時互動等
妳是否因他的出現與消失反覆陷入心理疲勞？			包括憂鬱、懷疑自我、期待受挫等
妳是否感到自己像一個備用情緒支援者，而非真正被愛？			自覺身分模糊、價值落空、依附成癮等

第三節
我承接他所有情緒，他卻說「我們不能有感情」

他每次難過都來找我，但每次我心動他都說「妳別太當真」

他情緒崩潰時找我；他失眠時找我；他跟伴侶冷戰、工作被否定、人生卡關時，全都是我接電話、聽訊息、說沒關係。

有次他凌晨打來，聲音沙啞地說：「妳可不可以陪我一下？我現在真的很難受。」

我沒問理由，也沒提要求。就像所有次數一樣，我只是靜靜地陪他，把自己當成一個收納他情緒碎片的容器。

我以為這樣的陪伴，總有一天會讓他發現我不只是懂他，而是可以愛他。

但當我有一次試著多問一句：「那我們這樣算什麼？」

他頓了一下，說:「拜託，我真的不想讓這段關係變得複雜，我們不是說好了不要談感情嗎？」

我那一刻才真正明白 —— 原來他需要的不是我這個人，而是我所提供的情緒功能。

妳以為的關係，是他口中的「情緒交易」

有些人總在關係中提供大量支持與安撫，但卻無法獲得等值情感回報。

他把自己的焦慮、空虛、無力、挫敗都丟給妳處理；但當妳想靠近、想被愛、想要更多時，他就退後、疏離，甚至說妳「情緒太多」。

他說妳是他最信任的人，但同時也說：「我們不能有感情，那樣我會不知所措。」

妳不是不知道這樣不公平，只是妳心裡一直在想：「或許他只是怕，不是不要。」

妳以為只要妳撐下去，總有一天他會把妳從功能轉換成戀人。

但事實是，他從來沒打算讓妳轉正，因為在他眼裡妳的最好用，就是不談愛的樣子。

他怕有感情，
是怕他就不能再這麼理直氣壯地索取

他不是不懂愛，只是不想為愛負責；他不是不能談感情，而是談了感情，他就得考慮妳的感受，而不是只在自己難過時來找妳；他不是不想對妳有回應，而是怕一旦回應，妳就會要更多。

所以他選擇讓妳留在模糊裡。讓妳用「被需要」的感覺誤以為那是「被愛」。

每次妳想靠近，他就後退一步說：「妳別誤會。」

每次妳動了心，他就強調：「我沒辦法給任何承諾。」

但他不會走，因為他知道妳還在——還在等、還在懂、還在忍。

妳不是愛錯了人，
而是低估了自己值得被愛的價值

他把所有「不能愛妳」的理由都丟給情境，丟給妳太敏感，丟給自己沒準備好。

但妳卻默默把自己變成一個「最適合這種不穩定關係的角色」：少講、不問、提供情緒、溫柔收場。

妳告訴自己：「他只是需要時間。」

可是時間一直過，妳從情緒支援者變成他的習慣，但從來

沒有變成他的人生選擇。

而真正的悲傷，不是妳沒被愛，而是妳用「無愛條件」去換一份「還能待在他身邊」的資格。

妳不是不能被愛，只是妳習慣了在關係裡不被愛也繼續給

他說：「我們不能有感情。」

妳說：「我知道。」

但妳心裡其實一直在想：「是不是只要我再多給一點，他就會改變主意。」

妳不是不懂他的冷淡，只是太懂自己的執著；妳不是不知道自己正在受傷，只是太害怕離開之後什麼都沒有。

但妳值得一段，不需要藏起所有需求、不需要壓下所有情緒、不需要假裝不愛的愛；而不是當對方說不能愛妳時，還要強顏歡笑說「沒關係」。

自我耗損與情感錯置的關係檢查表

評估項目	是／否	發生頻率	備注說明
他是否只在情緒低潮時出現，平常互動極少？			含突如其來聯絡、平時冷淡等行為模式

評估項目	是／否	發生頻率	備注說明
妳是否持續提供情緒支持卻無法獲得愛的回報？			如長期安慰、傾聽、安撫，卻無身分定位
他是否強調「不能有感情」卻反覆來找妳？			包括暗示依賴、模糊互動、不承認也不否認等
妳是否為了不失去他而壓抑自己真實需求？			包括不提感情、不問關係、不敢告白等行為
妳是否因這段關係而產生情緒勞累與自我懷疑？			包含疲憊、心理耗損、低自尊等心理狀態
妳是否經常將「被需要」誤認為「被愛」？			含依賴感放大、自我合理化、情感混淆等

第四節　他說我懂他，但從沒想過了解我

我知道他的心事、過去和痛苦，
但他卻從沒問過我怎麼樣

我知道他小時候父母離異；知道他最討厭別人否定他努力；知道他有創傷、焦慮、自卑；知道他工作壓力來自哪、失眠是怎麼開始的、他深夜時最怕哪種沉默。

他說我很懂他，說「只有妳不會笑我，只有妳真的能理解我。」

我也真的願意懂，願意花時間去拆解他的每一個防備和脆弱，願意站在他的立場，替他承擔那些沒說出口的情緒。

但有一天我突然發現，我們聊了那麼多，他卻從來沒問過我過得好不好。

我也有工作，我也有家庭壓力，我也曾失眠到哭。

但他從來沒問過我的故事，只是在我開始說一半時，就把話題繞回他自己。

我成了他最理解的對象，但我從未被理解。

妳是他世界裡的聆聽者，他卻不曾走進妳的內心

這種關係狀態稱為單向式情緒投射，一方不斷輸出自我、尋求理解與情緒承接，另一方則長期處於「接收端」，逐漸喪失被理解與被關照的權利。

這種關係表面上看似緊密，實際上卻極度不對等。

他會說：「我真的很需要妳。」但那是一種工具性的需要——需要妳懂他，但不是需要去懂妳。

妳成了他的鏡子，照出他的情緒、痛苦、需求與回憶；但他從未打開眼睛，看看鏡子裡那個其實也在等待被回望的妳。

他說妳懂他，是因為妳從不要求他也懂妳

他不是不會傾聽，他只是從不覺得有這個必要；不是因為妳沒話說，而是妳每次想說時，他總剛好需要被安慰。

妳的話題總讓位給他的煩惱，妳的需求總擱置在他的優先順序之後。

而妳，也就慢慢學會了只說一半、不說太多、說完之後馬上切換回聽他說的狀態。

久了，妳甚至不再期待被問起。

妳只要一句「謝謝妳懂我」就會滿足自己，也說服自己：這就是愛最體貼的模樣。

妳不是沒話要說，只是他從沒給妳說的空間

妳也想說自己最近壓力很大；也想說其實有些夜晚妳也很想被人問候，而不是一直是那個陪別人說晚安的角色；也想說其實妳每次接他的情緒，都會讓自己崩潰得更快一點。

但妳知道他不會聽，也沒空聽；而且妳也不想讓他不舒服，因為妳太怕一旦他開始覺得妳「負面情緒太多」，他就會離開。

妳說：「我沒事。」其實是妳發現，說了也沒人會真的聽見。

他不是不在乎妳，
他只是從沒把妳當需要被理解的人

他對妳的定位，不是戀人，不是夥伴，而是高效率情緒支援者。

妳有耐心、有溫度、好說話、不抱怨、不強求，這樣的妳對他來說太方便，方便到他從來沒想過妳也會有感受、有疲憊、有期待。

他不是壞，只是太習慣妳是「那個從不出聲的好人」。

而妳，也太習慣在一段關係裡當聆聽者，不敢說出口：我也需要被看見一次。

單向理解與情緒失衡關係自我檢測表

評估項目	是／否	發生頻率	備注說明
他是否常說妳「很懂他」、「只有妳了解他」？			含信任表白、依賴性描述等語言
他是否從未主動關心、詢問妳的情緒或生活近況？			如不問近況、不記得細節、不主動傾聽
妳是否總是在他說完自己狀況後就打住自己？			含話題轉移、自我壓抑、主動收口等
妳是否長期處於情緒承接角色但未獲回饋？			包括無感謝、無回應、無照顧行為等

評估項目	是／否	發生頻率	備注說明
妳是否感受到自己的需求在這段關係中被邊緣化？			含自我懷疑、情緒耗竭、價值感下降等
妳是否不敢說出自己的需求，怕對方因此疏遠？			包括不敢訴苦、主動隱藏疲倦、壓抑需求等

第五節　他總說「妳比她好」，但選擇還是她

他把我捧上天，卻從沒牽我過一次手走進人群

「妳真的比她懂事、貼心、成熟。」

「跟妳聊天真的好舒服，她從來不會聽我說這些。」

「如果一開始遇見的是妳就好了。」

他說這些話的時候，我幾乎忘了自己只是他的「情緒出口」。他給我這些讚美時，我真的相信 —— 我才是他真正該在一起的人。

我想像過我們公開在一起的樣子：他牽著我、對朋友說「這是我女朋友」、對我爸媽點頭說「放心交給我」。

但每次我想靠近，他就後退；每次我問「那妳什麼時候要結束那段關係？」他就沉默，然後說：「現在時機還不對。」

我從他口中得到了所有理性判斷都認為「我是更好選擇」的語句，但最後真正被他選擇的，始終不是我。

他說妳更好，是因為妳讓他感覺自己也更好

這種互動現象稱為情緒鏡像式肯定，指的是一方透過對他人的肯定與讚賞，反射自身價值感，強化自我需求被理解的滿足，而非真正意圖建立關係。

他說妳比她好，並不是為了愛妳，而是為了在妳身上獲得那種「我值得被理解、值得擁有更好關係」的幻象。

但一旦這段互動必須轉化為「真實承諾」，他就退縮。因為選擇妳，就意味著他要做選擇、承擔責任、面對後果。這些，他都不想做。

他讚賞妳，但不想真正和妳站在一起；他說「妳比她好」，但不代表他想把妳帶進他的生活。

妳的好，對他來說，不是伴侶條件，而是他在舊關係裡得不到的自我補償。

他在妳面前演的是「想離開的人」，但他從來沒有真的動身

他說那段關係讓他痛苦、讓他窒息、讓他懷疑人生；他說他覺得自己像活在義務裡、責任裡、沒有快樂。

妳以為他只是還沒找到出口，而妳就是那個出口。

但他每次說完這些話後，都還是回到她身邊。

他說：「她現在狀況不好，我不能丟下她。」

他說：「我們太多共同責任，不能說斷就斷。」

他說：「我怕她受不了，我也沒勇氣讓她那麼痛苦。」

妳聽完又懂事地點頭，說：「沒關係，我懂。」

然後再一次，在他情緒崩潰時出現，在他快樂時從不被記得。

他讓妳以為自己是救贖，其實只是他暫時喘氣的中途站。

妳不是他不選的那個人，
而是他知道選了妳就不能再當可憐人

他在她身邊，是責任，是痛苦，是壓力；而在妳面前，他是被理解的、被珍惜的、是「應該值得更好」的那個人。

一旦他真正選擇了妳，他就要從「可憐」的角色走到「決定者」，從「被困住的人」變成「造成別人痛的人」。他不想變成那個人。

他想繼續當那個「我不是不想，我只是太難」的委屈角色，而妳的溫柔讓這個角色演得更成功。

妳不是不夠好，而是妳的「太好」讓他可以不做選擇。

他說選擇她是無奈，妳卻為他的逃避找盡理由

他說：「我真的很猶豫。」

妳替他說：「他只是還沒準備好。」

他說：「我很痛苦，妳懂我就好。」

妳替自己說：「我可以等。」

但他從沒給妳時間表，也從沒告訴妳要等到什麼時候。

他不讓妳走，也不讓妳進，只讓妳一直留在那個看似最靠近，實際最邊緣的位置。

而妳就這樣，一邊承受所有情緒，一邊安慰自己說：「至少他知道我比較好。」

但真正被選擇的那個人，不一定比較好，只是他願意為那段關係付出行動，而不是只說話。

語言性肯定與行動性拒絕落差檢查表

評估項目	是／否	發生頻率	備注說明
他是否經常說妳「比現任（或前任）好」？			如「妳比較懂我」、「妳才是我真正能聊的人」等
他是否從未採取實際行動結束原有關係？			包含無分手、無搬出、無解釋等行為

妳是否曾主動暗示或表達想確立關係卻被推遲？			含「現在不是時機」、「再等等」等回應
他是否僅在私密空間讚美妳，公開場合迴避妳？			如不讓妳出現、社交保持距離、不介紹等
妳是否因他的肯定語言而延長了等待與忍耐？			包括自我矮化、排他性投入、拒絕其他可能等
妳是否經常為他無法選妳的理由做解釋與包容？			含「他壓力大」、「他還沒準備好」等想法

第六節　情緒的垃圾桶，永遠撐不起愛情

他把所有的痛都倒給我，但愛從來沒留下半點

我知道他什麼時候會出現 —— 失眠的深夜、跟家人吵架的隔天、他女朋友吵完架不理他、主管臉色不好。

那時候他就會傳訊息：「妳還醒著嗎？可以陪我講一下話嗎？」

我總是回，總是開著耳朵，像一個無條件接收的容器。

他說我很重要，說「妳總是在最需要的時候出現」，說「妳讓我覺得我沒有那麼糟」。

可是他快樂的時候從不找我，節日從不問我在哪，社群貼文裡從來沒有我的名字。

他說我是他的「情緒出口」，可是他不知道 —— 我不是那口井，我是那座永遠在為他掏空自己的房子。

妳不是他愛的人，只是他從沒學會負責的人面前最安全的情緒避難所

一方習慣性將所有壓力、悲傷、挫折轉移至某個對象身上，而非透過自我調整與真實互動來解決問題。

這樣的傾訴不是交流，而是傾倒。

他不是想知道妳的想法，而是要一個安靜的地方放下他混亂的心。

妳不是被愛，而是被需要；而「被需要」從來不等於「被珍惜」。

他知道妳會在、不會抱怨、不會生氣、不會離開。

因為妳連自己快要被壓垮了，也還在擔心他好不好。

妳撐起他的情緒，卻等不到一個感謝，更別說是一段關係

妳陪他走過低谷，卻沒出現在他的高峰；妳是他崩潰時唯一想起的人，卻不是他幸福時想分享的人。

他說「妳是我的例外」，卻沒讓妳變成他的選擇；他讓妳變得越來越懂事，越來越沒脾氣，越來越自我壓抑。

妳不是不想開口，只是每次只要妳一說出自己的情緒，他就會說：「妳怎麼也變得這麼敏感？」

到最後妳只能乖乖回應、默默聽完，然後掛電話、關上訊息，獨自承受他的情緒與妳自己的委屈。

被當垃圾桶的妳，不會被尊重，只會被習慣

他說「妳是我最信任的人」，但從沒把妳介紹給任何人。

他說「妳陪我走過很多」，但他的未來裡從不提妳。

他說「沒有妳我可能撐不下來」，但妳撐不下去時，他卻不在身邊。

因為妳在他眼裡不是人，而是一個功能。

他對妳依賴，但不負責；對妳親近，但不承諾；對妳傾訴，但不理解。

而妳太溫柔，太能承受，也太不敢讓人失望，於是就變成了那個「永遠撐得住」的人——直到妳自己都垮掉了。

妳不是太敏感，是太久沒有人聽妳說自己的感受

妳也會累，也想被理解；妳也想有人回妳一個「今天還好

嗎？」而不是每次都先聽對方講五十分鐘；妳也想撒嬌、想被疼、想有人告訴妳：「妳也辛苦了。」

可是在他眼裡，妳是那個「不需要人照顧」的人，是「比起她妳更成熟」的人，是他說完「我心情好多了，妳真的很重要」後，轉身就去追尋另一段戀情的人。

妳不是不夠好，只是妳太能聽話、太會體諒、太習慣讓步——以至於沒有人記得妳也是會哭、會怕、會需要被愛的那個人。

情緒勞動過度與單向依附關係耗損檢查表

評估項目	是／否	發生頻率	備注說明
他是否只在情緒低落時找妳，不參與妳的情緒？			含失眠傾訴、抱怨人生、不聽妳說話等
妳是否經常主動承接他的情緒但從不被關心？			包括聆聽、安撫、提供情緒支援等
他是否從未對妳提供情緒回應或關係定位？			如不承認關係、不回應需求、不處理互動後續
妳是否曾試圖說明自己狀況卻被打斷或忽視？			含話題被轉移、情緒被淡化、遭到否定等
妳是否因長期承接他情緒而出現心理疲乏或崩潰？			包含失眠、焦慮、精神耗弱、自尊崩解等

評估項目	是／否	發生頻率	備注說明
妳是否因他的「需要」延長了明知無果的關係？			如自責、依賴、幻想關係轉正等情形

第八章
妳愛他用盡一切，
他只把妳當生活助理

第一節
他說我像家人，卻讓我幫他跑腿處理感情事

他說我最懂他，卻叫我去幫他買花送給她

那天他傳訊息來說：「妳今天有空嗎？能不能幫我個小忙？」

我答應了，沒問細節。

等他給我地址與店名時我才知道 —— 他讓我去花店，幫他挑一束花，要送給他的女朋友，說是他忘記她生日了，現在補救一下會比較好。

我打字的手停了幾秒，但最後還是回他：「好，我幫你處理。」

我一邊走進花店一邊想，我們不是沒曖昧過，他也曾說我是他最信任、最舒服的人。

他總說我像家人，「什麼事都可以拜託妳，只有妳會懂我現在多亂、多沒頭緒。」

他說我像家人，可我心裡明白 —— 真正的家人，不是拿來跑腿解決感情責任的。

妳在他生活裡的重要，是「他需要時方便找得到」

這種角色稱為功能性親密替代者，一種外表親密但實質上以「情感無需回應」為前提的便利性關係。

他找妳，是因為妳懂他、不要求回報、總是在。

但這份「像家人」的說法，本質上是把妳變成沒有情緒、不需照顧的角色——一個他可以毫無顧忌丟工作、情緒、雜事給妳處理的人，卻從未讓妳參與他的人生決策、未來規劃與情感安排。

他說妳親密，是因為妳什麼都幫；但當他需要擁抱、告白、走進一段真實愛情時，他選的從來不是妳。

他說妳像家人，是因為他不需要為妳負責

妳幫他繳帳單、叫外送、訂行程、找他媽媽愛吃的甜點；幫他寫生日卡片、幫他想跟女友冷戰時要怎麼修補；甚至幫他想怎麼跟劈腿對象攤牌「比較不傷人」。

而他總是說：「只有妳幫得上忙」、「妳真的太可靠了」。

這些話每一句都像讚美，其實都是不給承諾的獎勵性語言。

妳成了他生活裡的隱形總務，但從來沒有在任何公開場合被介紹過一次。

妳的電話是他備用緊急聯絡人，但妳卻連他朋友圈裡的熟人都不算。

他說妳像家人，其實是讓妳主動壓抑自己對關係的期待，順從成為一個「不能要求的人」。

妳以為他依賴妳是信任，
其實那是他對妳的「零成本使用」

他不是不知道妳心裡的感覺，他不是沒感覺到妳幫他的那麼多背後藏著什麼 —— 他只是太清楚妳不會逼他說破。

所以他放心地叫妳幫忙訂機票卻不說去哪，放心地請妳處理他和女友吵架後的善後，放心地讓妳接下各種生活繁瑣、情緒疲乏的事情，卻從未問過妳：「妳今天好嗎？」

他從來不是沒有依賴妳，只是他知道妳最不會要求回報。

妳不是他最親的人，只是他最省力的解方

他找妳幫忙，不是因為妳對他意義最深，而是因為妳比任何人都不會說「不」。

妳幫他照顧寵物、幫他約健檢、幫他準備面試資料，甚至在他女友生日那天，替他挑好了禮物還包裝好。

他說：「我真的太依賴妳了。」

妳以為這句話代表他有一天會看見妳的付出、明白妳的心。

但他其實只是在告訴妳：「我知道妳不會走，所以我繼續用。」

被功能化的關係角色與過度生活勞動檢查表

評估項目	是／否	發生頻率	備注說明
他是否常以「妳最懂我」為理由讓妳代辦私事？			如情侶問題、家庭瑣事、工作細節等
妳是否曾經為他處理他應該親自面對的情感責任？			如幫忙跟另一半說話、善後吵架等
他是否頻繁使用「妳像家人」等語言模糊你們的界線？			含親密但無愛、依賴但不承諾等語句
妳是否因「幫他」而耗費大量時間與情緒？			包含身體勞動、情緒付出、時間排擠等
他是否從未針對妳的情感期待做出明確回應？			不討論關係、不承認情感、不給名分等
妳是否因此無法建立對等的戀愛關係，甚至拒絕他人靠近？			包含拖延、矛盾、自我壓抑、愛錯位等

第二節
他從沒對我表白，但我卻早就把自己當女友

他從沒說過喜歡我，可是我早就開始替他準備早餐、幫他查健檢時程、記住他每個重要日子

他沒有說過「我喜歡妳」，沒有告白，也沒有任何形式上的交往承諾。

但我心裡，早就默默開始扮演女朋友的角色。

他感冒了，我買藥送過去；他說不想一個人吃飯，我立刻排開行程陪他；他說公司壓力大，我幫他整理履歷、模擬面試題；甚至他在過生日那天，忘了約誰一起吃飯，我就自然而然地煮了一桌菜請他過來。

他說：「妳真的很貼心，我根本沒想過有人會這樣照顧我。」

我聽了，笑著低頭，像一個真正被認可的伴侶。

但第二天，他說要去參加朋友的聚會，我看到他限時動態裡牽著另一個女生，笑得很自然。

我才驚覺，我根本不是他的誰，只是他生活裡剛好有空缺，我剛好夠熱情、夠剛好地填上。

妳不是他不想在一起的人，只是他早知道妳不會逼他定義關係

這類情感模式稱為默認式角色認同偏差，意思是，一方在沒有明確承諾的前提下，自動內化了伴侶角色，並以此投入時間、情感與生活照顧，而對方則無須承擔任何義務。

他習慣妳煮飯給他吃、習慣妳問他有沒有吃早餐、習慣妳在生日時幫他選皮夾、連幫他媽媽找住院醫師妳都能處理。

但當別人問起他：「你們是不是在一起？」他總是輕描淡寫地說：「沒有啦，她是我很好很好的朋友。」

而妳呢？妳從不敢問：「那我到底是什麼？」

因為妳怕一旦問出口，就失去了這段好不容易維持的、看似戀人實則空白的「關係幻影」。

妳扮演著他生活裡女友的角色，卻從來沒有任何女友的權利

妳沒有密碼、沒有承諾、沒有週末專屬；妳不能公開合照、不能參加他同事聚餐、不能過節時說：「我想妳陪我。」

他把生活交給妳，卻把人生交給別人。

他說：「我真的很需要妳。」卻說不出「我願意愛妳」。

妳不是沒有察覺，只是妳太怕這一切不是愛，是妳一廂情願演出來的戀愛獨角戲。

所以妳繼續扮演、繼續扛、繼續當那個無條件給予、從不計較、連名分都不奢求的「隱形伴侶」。

他從沒說要妳做這些，但妳一邊做一邊說服自己他其實是喜歡的

他沒說「妳可不可以幫我照顧我爸媽」，但妳主動聯絡他家人。

他沒說「我最近很累，想有人陪」，但妳在他說「壓力大」後自動出現在他樓下。

他沒說「我想吃什麼」，但妳記得他不吃香菜、愛焦糖布丁。

妳做的那些事，他從沒要求，卻也從不阻止。

妳說過：「我只是想對你好一點。」

他回：「我知道，但這會不會讓妳太累？」

妳當下說：「不會啊，我自願的。」

但妳心裡明白，真正甘願的愛，是兩個人都知道自己在對誰努力。

而妳的努力，他只是接受，從不對等給予。

妳不是不夠好，只是妳以為努力就能兌換「成為他的誰」

妳買早餐給他時，其實心裡想著：「希望他會想念我。」

妳幫他訂車票時，其實想的是：「如果我是他女朋友，他是不是就不會找別人？」

妳不說，但妳其實希望他哪天會突然醒來，發現「最適合我、一直都在身邊的那個人原來是妳」。

但他不會，因為他從來不覺得自己欠妳什麼。

在他的邏輯裡，妳沒有開口、他沒有承諾，所以這一切只是「妳很照顧人」，而不是「他必須為妳負責」。

無名分情感角色錯置與自我投入評估表

評估項目	是／否	發生頻率	備注說明
妳是否在未確認關係情況下承擔伴侶職責？			如煮飯、照顧、處理家務與私人瑣事等
他是否從未承諾、表白或給予明確關係定位？			含不討論關係、不公開、不確立身分等
妳是否常因他一句需要就主動安排生活配合？			如改行程、主動付出、無條件支持等
他是否從未正面回應妳情感付出或期待？			含模糊帶過、轉移話題、強調自由等
妳是否曾用「反正我甘願」來合理化自己的委屈？			包括自我欺瞞、過度合理化、壓抑需求等
妳是否感覺自己像「女朋友」，卻始終沒被承認？			含行為像情侶、關係未命名、心理失衡等

第三節　他說我貼心體貼，是他生活的光——卻選別人牽手

他說我讓他看見希望，但最後出現在他身邊的，不是我

「妳真的不一樣，妳總讓我在最低潮的時候覺得還有光。」

他這樣對我說的時候，我差點落淚。

那陣子他剛失業，情緒低落，每天都躲在房裡不接電話。

我買飯送去、幫他改履歷、整理房間、陪他模擬面試，就像女朋友做的一切，我都默默做完。

他說：「如果不是妳，我可能撐不下去。」

我以為這句話意味著我們正在靠近，意味著當他重新站起來時，牽住我的手會是理所當然的選擇。

直到某天他傳了一張合照 ——

他穿著襯衫，臉上帶著久違的笑，旁邊那個牽著他的人，不是我。

他要的是妳的照顧，但從不打算把幸福也分妳一份

這類關係模式稱為角色功能性錯置，即：一方在情緒需求上高度依賴另一方，但在情感選擇與未來規劃中，卻轉向另一個對象建立正式連結。

這種模式本質上是一種「情緒傾倒→支援吸收→跳轉選擇」的情感動線。

他會說妳讓他重拾自信、妳的存在像陽光，但真正要走進光裡的人，從來不是妳。

他讓妳陪他走過泥濘，卻在出太陽的時候換了同行的人。

妳不是沒價值，只是他的選擇，從來都不是根據誰付出最多，而是誰出現在「他想展現成功」的舞臺上。

妳是他失意時的歸宿，但不是他得意時的展示品

他說妳讓他安心，妳陪他度過低谷，妳在他一無所有的時候給了全部。

但當他重新找到工作、生活重建、有能力談未來時，他說：「我們還是當朋友比較不會那麼有壓力。」

妳以為妳的體貼、溫柔、無怨無悔會被他看見，但他只是利用妳的不計較，讓他能夠放心依賴，而不需負責。

當他準備走進一段公開關係、牽手、承諾、打卡、過節、見家人時，他不會選妳，因為妳在他心裡的位置，是「支持者」，不是「主角」。

他說妳是他的光，是因為妳從不要求被照亮

妳不吵、不問、不求回報；他難過時妳永遠出現，開心時妳永遠消失；妳的愛是透明的、沉默的、不讓他難堪的。

這樣的妳，對他來說太方便，方便到他從來沒想過「要不要愛妳」，而是「怎麼不讓妳走」。

妳一直在給，但他從未給妳一個位置、一段名分、一句正式的感謝。

而妳的溫柔，最後只是讓他更有底氣選擇別人。

妳不是不夠光亮，而是他根本沒打算為妳轉身

妳說妳不後悔，說「至少我曾陪他走過一段」；但每當他秀出與新對象的合照、公開打卡說「幸福來了」，妳還是會默默把手機關掉，讓眼淚流在黑夜裡。

妳知道妳不是沒能力讓人愛上，只是妳愛得太小心，太懂事，太配合，反而沒留下可以被選擇的空間。

但愛情從來不該是誰更會忍，誰更會等，誰更沒聲音就誰留下來。

光再亮，沒人轉身，它就只能照在空屋裡。

情緒支援角色與選擇落差自我覺察檢查表

評估項目	是／否	發生頻率	備注說明
他是否在低潮時頻繁依賴妳、情緒上極度親密？			含傾訴、依賴、接收照顧等行為
妳是否為他生活重建投入大量實質協助？			如準備履歷、陪伴、提供資源等
他是否在情況好轉後轉向與他人發展關係？			如公開戀情、約會他人、轉移注意力等
妳是否從未獲得公開認可的名分與回應？			包括拒談關係、不公布妳的存在等
妳是否將自己定位為「願意陪他熬過一切」的人？			含自我犧牲、自我說服、壓抑情感等

評估項目	是／否	發生頻率	備注說明
他是否讚美妳、依賴妳，卻從未為妳做出選擇？			語言肯定與實際行動完全不一致

第四節
我幫他做簡報、安撫他媽，連他寵物都愛我

他把人生裡的難題都交給我，
但從沒想過我想不想留在他的人生裡

我幫他做過三次簡報、寫過兩份履歷、教他怎麼跟主管應對進退；他媽媽住院，我替他打電話問護理站怎麼辦理住院手續；他狗狗生病，我抱著去打疫苗，還被咬了一口；他忘記交電費，是我提醒他；他朋友生日、主管小孩出生，全是我幫他挑禮物包裝送達。

他的生活，是我細細維護起來的網。

而我，一邊幫他補漏洞，一邊幻想著，這樣的我終究會被他看見。

他卻從沒說謝謝，只說：「妳真的像我命裡的福星。」

他說妳是幸運星，卻只在需要時才出現

這種現象是情緒與生活勞動角色錯置，指某一方在關係中提供了過度的日常支援與情緒照護，卻未獲得對等關係承認，甚至被視為「理所當然的存在」。

他說妳像家人、像命運安排的幫手，但從沒說妳像情人、像未來伴侶。

因為對他來說，妳是服務者，是維持他人生秩序的穩定力量，但不是他願意走入公眾、說出承諾的那一個人。

妳幫他安撫家人，但他沒帶妳進他家人的世界；妳幫他接手職場雜事，但他從未在聚會裡介紹妳的角色。

妳的付出被消化，卻沒被承認。

妳不是他生活裡的中心，只是他麻煩人生的保母

他崩潰時找妳、忙不過來時找妳、情緒上來時找妳，而當他工作順利、生活穩定、朋友相約、戀情開展 —— 妳就自動被放在備用清單最下面。

他不是不知道妳做了多少，而是知道妳不會要求。

他不是不珍惜妳的幫忙，而是知道妳會繼續幫下去。

而這樣的妳，在他心中是可以信賴的功能，卻不是必須回應的對象。

妳像工具人，但還加上情緒照服員的功能，成為愛情裡最被看見，卻從未被選擇的全能角色。

妳不是不值得被愛，是他從沒將妳視為需要被照顧的人

他讓妳為他顧家、顧事、顧感受，但妳的身體病了、情緒垮了，他卻只說：「妳最近看起來很累，要不要自己好好休息一下？」

他從沒問過：「我可以為妳做什麼？」

因為在他的習慣裡，妳是那個為別人做事的人，不是該被別人為妳付出的對象。

他母親說：「妳真的比他以前女朋友更會做人。」

他的狗每次看到妳都衝過來搖尾巴；但他自己，卻沒牽過妳的手、說過「我想和妳在一起」。

他沒有傷害妳，但他確實
讓妳一個人完成了雙人的責任

妳完成了他生活的一半工程，幫他做完另一個女生該做的事，卻從沒被他當成那個「女生」。

他說妳像陽光、像港灣、像人生的避風港，卻忘了妳不是「港口」，妳是「船」—— 也是會累、會淹水、會沉的那個人。

妳不是沒價值，是妳把自己活成了工具人而不自知，還以為那叫愛。

情感與生活支援角色耗損自我評估表

評估項目	是／否	發生頻率	備注說明
妳是否承擔了大量與他生活相關的日常事務？			如幫忙處理行政、照顧家庭、職場文書等
他是否將妳視為「值得依賴」但不願給名分的人？			含口頭肯定但未有實質關係定位
妳是否為他的親人或寵物付出照顧與安撫？			如照顧長輩、陪同看診、餵養寵物等
他是否從未主動回應妳的感情或關係需求？			含逃避承諾、不正面回答、說不準備好等
妳是否曾將「幫助他」誤當成「他會愛妳的證明」？			包含過度合理化、幻想關係發展等
妳是否在關係中感到極度疲憊卻不敢停下？			如心理耗損、責任失衡、壓抑需求等

第五節　他說「我欠妳一個名分」，但從不還債

他說我值得更好的，可是從來沒想過，那個更好的能是他自己

「我知道我欠妳一個名分。」

他說這句話時眼神溫柔，語氣真摯，好像真的很內疚，也好像真的哪天會補上。

他說：「只是我現在狀況不太穩定，不想連妳也一起受苦。」

他說：「我不是不愛妳，是我還沒準備好。」

他說：「我們的關係很特別，我只是怕一旦說破，就壞了現在的默契。」

我聽著這些話，一次次在心裡幫他解釋，告訴自己：他只是還沒時間、還沒轉身、還沒整理完他的人生。

但時間過了很久，我從生活上的照顧、情緒上的承接，到家人朋友都默認我們像情侶那樣的存在，唯一沒有給我的，只有他那一句「我們在一起」。

而他，每次當我忍不住想說出自己的委屈時，就會用那句：「我欠妳一個名分。」重新讓我沉默。

「我欠妳」這三個字，
是最沒有實際內容的情感債務承諾

這類語言稱為情感推延型承諾語言，表面上看起來像是一種愧疚與承諾的混合，實際上卻是一種極度有效的情緒安撫工具，目的並非兌現，而是延長等待與安撫質疑。

他說「我欠妳」，妳就不再問；他說「等我狀況穩定一點」，妳就不再吵；他說「現在說不定不公平」，妳就反而內疚覺得自己太任性。

而他，從不設立時間表、從不說會在哪一天說清楚，卻始

終讓妳覺得「快了、快了、也許下次就到了」。

妳的等待不是因為他有行動，而是因為妳相信他那句話是真的。

他從沒打算給，只是知道妳會一直等

如果他真的內疚，他會做出行動；如果他真的愛妳，他不會讓妳這麼久沒有身分；如果他真的準備好，他不會在妳提到「名分」的時候轉移話題。

但他沒有。他只是說：「我知道我對不起妳。」

然後繼續約妳、要妳陪、請妳幫忙、用妳的好習慣來豐富他的生活。

妳就像一筆情感上的長期零利息借貸，他每天都在用，但從未打算歸還本金。

妳不是沒價值，是妳讓自己一直待在沒有身分的位置上

妳不是沒有察覺他在拖，妳只是怕自己這麼久的陪伴與投入，一旦退出，就什麼都不是了。

妳不是不知道這段關係不公平，妳只是一次次把他的話翻譯成愛——

「我不是不想」，妳翻譯成「他其實有心」；

「我現在還不能給」，妳翻譯成「他正在努力」；

「我欠妳一個名分」，妳翻譯成「有一天他會還我一段關係」。

但真相是：他用這些話鎖住了妳的腳步，卻從未打算真的讓妳走進他的心裡。

他知道怎麼延後，妳卻不知道什麼時候該停

每一次爭吵、失落、妳想抽身，他只要說一句「我真的不想失去妳」妳就心軟；他說「妳陪我這麼久，我當然知道妳重要」妳就掉淚；他說「我只是還沒準備好，我不想給妳一段不完整的感情」妳又給他一次機會。

可是幾年過去，他換了工作、換了住所、換了社交圈，甚至可能換了戀愛對象，唯一沒變的，是妳還在等他還那句「我會給妳名分」的承諾。

語言性承諾推延與關係責任落差檢查表

評估項目	是／否	發生頻率	備注說明
他是否多次使用「我欠妳一個名分」等語言性安撫？			如「等我處理完」、「妳值得更好但不是現在」等
妳是否長期未獲得關係名分但持續提供伴侶等級的付出？			含生活支援、情緒照顧、公開以外的親密等

評估項目	是／否	發生頻率	備注說明
他是否從未提出具體行動或時間表來實踐承諾？			無任何實質規劃、總是轉移話題等
妳是否因語言性愧疚承諾而延長了原本想結束的關係？			包括不敢離開、總是等待、壓抑不滿等
妳是否在關係中常以「再等他一下」自我說服？			如認為他只是怕傷妳、他還在努力等想法
妳是否感到自己像「被欠債的情人」，卻從未被清償？			含關係空白、心理壓力、價值感受損等

第六節
妳不是伴侶，是免費的生活助理＋情緒照服員

他說妳像家人，卻從沒把妳當他的人

妳為他訂健檢、送便當、查資料、跑腿處理他沒空處理的小事；妳聽他抱怨生活、安撫他和家人之間的衝突、在他焦慮時接起每一通電話；妳提醒他繳帳單、幫他收包裹、照顧他生病的寵物，還要在他熬夜加班時幫他買維他命和眼藥水。

他說：「妳太厲害了，怎麼什麼都懂？」

他說：「跟妳在一起真的太安心了，我只要專心努力，其他都靠妳。」

但他從來沒說：「我們在一起吧。」

沒牽過妳的手，也沒帶妳進入他的朋友圈、家庭或未來藍圖。

因為對他來說，妳就像一個免費又全能的助理系統，情緒問題妳來安撫，生活問題妳來搞定。

妳以為自己是伴侶，其實只是個高級祕書＋家庭護理員

這種互動關係稱為多功能型情感勞務錯位。簡單來說，一方同時扮演了伴侶的實際功能，但卻沒有伴侶的權利、待遇與尊重。

妳是他的「情緒照服員」：他焦慮、憤怒、挫折、痛苦時，妳總能接住；妳是他的「生活助理」：他忙、他亂、他忘了怎麼過生活時，妳總能幫他重新梳理節奏——但妳卻不是他的女朋友，也不是他願意承諾的對象。

妳幾乎全程參與了他的生活，但他的人生計畫裡，從沒寫上妳的名字。

他說妳太懂事，是因為妳從不問「我們算什麼」

他太習慣妳不計較、太放心妳不追問；妳不問未來、不要求身分、不逼他做選擇；他生病妳照顧、他崩潰妳安撫、他忙妳默默填補一切空缺。

他說：「妳是我最信任的人。」

但那只是因為妳不會讓他不舒服、不會讓他有壓力。

而妳也開始相信：「也許這樣的我，更能陪他走得久。」

但妳不是沒察覺，妳只是太怕，問了之後，什麼都沒有了。

妳不是伴侶，是他人生混亂時的「總務主管」

別人出問題時他會說：「我問問她，她一定知道怎麼處理。」

他朋友分手、狗生病、公司臨時要交報告，他第一個想到的總是妳。

妳成了他口中的「無敵隊友」、「萬用人生備案」，但不是他手機裡的「女朋友」，也不是他未來計畫裡的「另一半」。

因為他知道妳會留下，即使他從不說明；他知道妳會幫忙，即使妳自己也累得不行；他知道妳的好，卻從不想回應，因為妳從不要求他回應。

妳給得太多，給到他已經忘記該怎麼愛人了。

妳不是被拋棄，是從未被定位過

他沒有離開妳，他還是會找妳、回訊息、說需要妳。

但這些聯絡背後，是零承諾、零保證、零定義的空殼。

妳不是被狠心拋棄的人，妳只是從頭到尾，都沒被放上桌面。

他生活裡少不了妳，但戀愛裡妳卻完全沒地位。

這不是因為妳不值得，而是妳把自己的價值鎖死在功能裡，卻沒有留一點空間給自己的情感被安放。

情緒照服與生活助理角色耗損自我檢查表

評估項目	是／否	發生頻率	備注說明
妳是否長期幫他處理生活雜務與家庭事務？			如買藥、訂餐、照顧寵物、聯絡父母等
他是否頻繁尋求妳的情緒安撫卻無實質回應妳的感受？			含單向傾訴、無視妳需求、未給情緒回饋等
妳是否擔任類似「戀人功能」卻從未獲得名分？			如陪伴、照顧、參與生活，但無身分
他是否將妳視為「什麼都能做的人」卻從未對等付出？			含無承諾、不公開、不照顧妳等
妳是否因為害怕失去他而選擇不談未來、不要答案？			包括不敢提問、不要求定位、壓抑情感等
妳是否感覺自己像工具人加情緒護士的綜合體？			含心理疲乏、情緒委屈、自尊耗損等狀態

第九章

我們從沒見過面，
卻早已互稱老公老婆

第一節　他每天叫我寶貝，卻不肯開視訊

他說妳是他唯一的寶貝，
可是妳連他長什麼樣都不確定

「寶貝，妳今天有想我嗎？」

「老公這邊很累，但聽到妳聲音就好了。」

「我們以後一定要一起養一隻貓，妳煮飯，我下班陪妳。」

這樣的話，他每天說。

我們在語音裡一起睡覺，一起刷牙，他會說晚安，也會提醒我記得吃早餐。

我以為我遇見的是靈魂伴侶。

我從沒這麼快對一個人產生這麼深的依賴，也從沒這麼願意相信文字裡傳來的溫度是真的。

我說：「那我們什麼時候開個視訊看看對方？」

他說：「寶貝，我現在不太方便，我今天沒整理，房間也很亂，等我一下好不好？」

我等了三週。

他每天說想我、說愛我、說想抱我，卻總是在我一提「開視訊」這件事時閃躲、轉移、冷淡。

而我，還在等他「有空」的一天。

他用語音綁住妳的情緒，卻不肯給妳一張臉

這種互動稱為單向式虛擬親密關係，一方透過語言建立親密互動，但刻意避開視覺與現實層次的接觸，維持模糊與控制。

他用聲音給妳安全感，但不讓妳看到他的臉；他說每天想妳，但從不出現在線上會議；他稱妳為「老婆」，卻不讓妳出現在任何他的真實生活場景中。

他知道怎麼說妳愛聽的話，也知道怎麼在妳最孤單的時候填補情緒縫隙，但他不給妳真實身分，也不給妳任何進一步的靠近方式。

這樣的親密，只在「聽得見」的距離內發生，卻永遠無法走到「看得見」的範圍。

妳以為他是慢熟，其實他只是怕妳發現真相

妳曾為他找過無數藉口：

「他可能有外貌焦慮。」

「也許他對鏡頭不自在。」

「他應該是真的很累，不想被打擾。」

但當妳嘗試從對話裡多問一點關於他的事，他就開始迴避。

妳說：「可以傳張自拍嗎？」

他回：「寶貝，我今天長得很醜，不想嚇妳。」

妳說：「我們可以約一天視訊嗎？」

他說：「我手機壞了、網路不穩、公司不能用私人帳號……」

每次的理由都不重複，卻也都沒有結果。

而妳也開始害怕，怕一旦真的看見，就連現在這段語音愛情都會崩塌。

妳不是不懷疑，而是太害怕一旦真相揭開，自己會什麼都沒了。

他用親密的詞彙包裝距離的控制

他說得很像愛，但做得很像逃。

他說妳是他人生裡最想依靠的人，卻不願讓妳真的靠近他的人生。

他說妳是老婆，卻不能知道他的住址；他說妳是唯一，卻不能加他的 IG，也不能標記他出現在任何平臺。

他說妳是靈魂伴侶，但對妳的要求永遠只有「多陪他聊天」而不是「一起走出去面對真實生活」。

這種情感建立在聲音與訊息上，沒有視覺、沒有實體、沒有未來計畫。

而妳，卻早就把這段對話當成戀愛證明。

妳不是沒被愛，
而是妳把聲音的溫柔誤認為了愛情的深度

他說他愛妳的聲音，愛妳的性格，愛妳對他那麼溫柔、那麼包容；妳開始把聊天紀錄當作一段感情的累積，開始記住他喜歡的 emoji、回訊息的時間、說話的節奏，甚至記得他語音裡每一個呼吸的停頓。

妳在這段從沒見過面的關係裡投入了感情，甚至幻想過未來。

妳想過要飛過去見他，想過搬到他說的城市，甚至開始查他喜歡的電影上映時間。

他只是說：「妳是我唯一的寶貝。」

卻從沒說：「我們見面吧。」

虛擬親密關係真實性警訊檢查表

評估項目	是／否	發生頻率	備注說明
他是否經常使用「寶貝」、「老婆」等高親密稱呼？			含語音甜言蜜語、角色扮演式互動等
妳是否曾多次提出視訊或見面要求卻被拒絕？			含藉口推託、拖延時間、轉移話題等
他是否從未主動提供真實資訊如長相、社群、職業？			含不加社群、不傳照片、不透露住處等
妳是否將文字互動視為戀愛關係依據？			包含幻想未來、替他改變行程或生活節奏等

評估項目	是／否	發生頻率	備注說明
他是否只存在於特定時段的語音空間，平常失聯？			如僅深夜聊天、白天已讀不回、不主動互動等
妳是否在未見過對方的情況下投入高度情感依賴？			包含失眠、焦慮、期待、認定對方為戀人等

第二節
他說我們靈魂共振，卻永遠找不到見面的理由

他說從沒跟誰這麼契合過，可是連一張機票都買不下手

「我從來沒遇過一個人，像妳這樣懂我、跟我頻率一模一樣。」

「我們講的每一句話，都像在對我內心說話，我覺得我們靈魂是相連的。」

這是我們語音的第 72 天。他還是沒有開視訊，也還沒主動提見面的事。

我試探著說：「我下個月可以休假，也許……我們可以考慮見一面？」

他沉默幾秒，然後笑笑地說：「寶貝，我也很想見妳，但最近有點忙，公司可能會安排出差。」

「或者我們可以等狀況穩一點，妳值得最好的第一次見面，不是倉促安排。」

我點頭，但心裡泛起的那種熟悉感叫做：又一次沒答案。

靈魂的連結聽起來很高貴，
卻總是敗在實際的車票與時差

這種關係狀態可稱為抽象化情感理想投射，一種將情感建立在抽象價值（靈魂、能量、頻率、命定等）上的模式，用來逃避現實中應承擔的互動責任。

他說妳跟他心靈同步，說每天聽妳講話像在做深層療癒，說妳讓他相信人與人之間真的有命中注定。

但當要見面、確認、規劃、實踐時，他就說：「我們不要破壞這種神祕感。」

或是：「我不想因為現實條件打破我們現在這麼純粹的感覺。」

妳一開始相信，甚至被這種「超越肉體與空間」的說法感動。

但日子久了，妳會發現：他不是不能見妳，他是不願意讓這段關係變得真實。

他不是沒空見妳，是他知道只要保持距離，妳就不會真的問太多

他每天都說「想妳」，卻從來沒提過該在哪個城市見、哪一天最有空、哪家旅館方便、誰來誰的城市比較實際。

他說：「我們不該急著見面，因為這樣的期待太大，一旦不符合，會毀掉一切。」

妳聽進去了，開始跟自己說：「也對，我不該逼他。」

於是妳再也不提，只能偷偷期待他哪天主動開口。

但妳其實知道 —— 他不提見面，不是不想，而是知道見面之後，他就不能只靠聲音維持親密了。

靈魂共振這句話，是他逃避現實責任的最高級謊言

「我們是靈魂層次的契合，不需要見面也知道彼此的心。」

這樣的話，讓人聽起來像一場偉大的愛情實驗，但事實上它只是讓妳在虛擬的語言裡自我感動、自我填滿、自我犧牲。

他不需要承擔見面後的長相落差、不需要規劃未來、不需要處理關係進展，只要說「我們是超越現實的」，就能讓妳放下所有懷疑，繼續投入一段永遠不會面對驗收的親密幻覺。

妳不是不值得被見面，
而是妳讓「見不見面」這件事變得不重要

他說「我也想見妳」，但從不訂車票；他說「等我安排好時間」，卻從未告訴妳哪天他比較空；他說「我想抱妳」，卻從未提過要在哪裡見第一面。

而妳說：「沒關係，我可以等。」

說：「我們這樣其實也很好。」

說：「也許見面會讓他不自在，我不該自私。」

妳把自己放進等待的位置，然後用一套自我催眠的語言，守著一個連實體都沒出現過的人。

抽象型網戀與現實推延傾向自我檢測表

評估項目	是／否	發生頻率	備注說明
他是否常用「靈魂契合」、「頻率一致」等抽象語言描述你們的關係？			如「妳懂我勝過所有人」、「妳是我靈魂伴侶」等
他是否從未對見面主動提出具體安排或行動？			包括不訂車票、不安排時間、不說明見面條件等
妳是否在聽完他形容關係的抽象語言後主動停止對見面的追問？			如「他說怕破壞這段感覺，我也就不提了」

評估項目	是／否	發生頻率	備注說明
他是否用「期待太高」、「見面會破壞關係」等理由拒絕進一步發展？			包括推託、製造恐懼、刻意模糊現實層次等
妳是否將不見面合理化為「愛情不一定需要現場」？			包含幻想、浪漫投射、自我感動等心理機制
妳是否因此長期處在「付出情感但無現實進展」的狀態？			含焦慮、失落、等待但無實際發展等情況

第三節　他不讓我追蹤他的社群帳號，只允許我們用 LINE

他每天 LINE 上說愛我，卻從不讓我看到他的真實世界

我們聊天的頻率很高，每天 LINE 上早安、午安、晚安不曾間斷；他傳貼圖給我，語音說想我，還會用情侶暱稱叫我「老婆」。

我以為這段關係雖然建立在線上，但也是真誠的，是認真的。

有一天我忍不住問：「你有在用 IG 嗎？可以追蹤你嗎？」

他回得很快：「我 IG 很少用啦，而且都加工作上的人，不

太方便。」

我說：「那 Facebook 呢？」

他回：「FB 更不用了，幾百年沒更新，早刪了啦。」

後來我才發現，他不只沒刪，他在 IG 上發限時、打卡、留言活躍得很，甚至還跟別人公開互動得像情侶。

而我，只能存在於他的 LINE 對話框裡。

他不是不用社群，是只不想讓妳看見他的現實樣子

這種關係策略定義稱為資訊性情感控制，即一方刻意隱藏部分個人生活與社交現況，只讓對方進入經過挑選的溝通管道中，以維持主控權與關係模糊性。

他讓妳以為「妳是唯一」，但實際上他只是把妳隔絕在他公開世界的邊緣，讓妳看不見真相，也問不了太多。

他說 LINE 是最方便、最親密的聯絡方式，其實只是 LINE 的封閉性讓他不用擔心任何訊息被別人看到，也不用解釋妳是誰。

他讓妳活在一個只有妳和他存在的小泡泡裡

在 LINE 上，他什麼都說;但出了 LINE，他什麼都不讓妳知道。

他不給妳社群帳號，不讓妳加遊戲好友，不讓妳知道他的本名、學校、工作單位，甚至連城市都說得模模糊糊。

他說：「妳這麼信我，這些應該不重要吧？」

妳點頭，心裡卻開始懷疑：如果我是重要的，為什麼所有現實裡的他都沒有我的位置？

他每天都會回訊息，但只限於他有空的時間；他會打語音給妳，但從不在白天，總是深夜，總是獨處時；妳甚至開始懷疑：是不是我其實只是一個備胎，甚至是一個對他來說可以「安心控制」的對象？

他不是不讓妳追蹤，是不想讓妳知道「妳不是唯一」

妳以為他是害羞、不喜歡公開生活、不想炫耀；但當妳無意間用另一個帳號搜尋他時，卻看見他 IG 裡有一串串的限動、留言和和別人曖昧的公開對話。

他說他沒在用社群，卻在裡面用另一個樣子活得很大聲。

而妳，在那個世界裡連影子都沒有。

他說他愛妳，但只在 LINE 裡說；他說妳很特別，但只讓妳存在於一個封閉的聊天室空間；他說「別想太多」，卻做了讓妳無法不想的事。

妳不是被隱藏，是被圈養在一個看起來很親密的封閉式牢籠裡

他每天說「我好想妳」、「妳怎麼這麼可愛」、「有妳真好」，妳以為這是戀愛。

但後來妳會發現，那些話從來沒有跨過 LINE 的邊界。

沒有見面、沒有合照、沒有標記、沒有日常分享、沒有未來安排——

只有他決定的聊天時段與他設定好的情感劇本。

妳不是沒懷疑過，只是每次當妳想突破那個 LINE 的小圈圈時，他就會說：「妳是不是不信任我？」

妳愧疚，妳沉默，妳繼續待在那個聊天室裡，扮演他文字人生裡的「完美情人」，卻從未成為他現實人生裡的一部分。

資訊隔離型虛擬關係真實性風險檢查表

評估項目	是／否	發生頻率	備注說明
他是否主動限制妳追蹤或加入他的社群帳號？			如拒絕加 IG、封鎖 FB、模糊交友平臺身分等
妳是否對他生活中的現實社交圈一無所知？			不知道他朋友、工作、住處、日常活動等
他是否僅透過封閉通訊軟體與妳維持親密關係？			僅用 LINE 或特定平臺，無公開紀錄
妳是否曾被他以「不方便」、「很少用」為由拒絕社群互動？			含藉口推託、頻繁更換帳號、謊稱刪除等
他是否有在其他社群平臺展現不同的戀愛互動行為？			如與他人曖昧、公開打卡、不承認妳存在等

評估項目	是／否	發生頻率	備注說明
妳是否曾因無法進入他真實生活而產生強烈不安與懷疑？			包括焦慮、壓抑、怕問太多會失去對方等

第四節
他深夜語音說想我，白天卻都已讀不回

他總在妳最脆弱的時段出現，卻從不陪妳走進日常

每天凌晨一點，他的來電如同準時鬧鐘響起。

「寶貝，今天過得好嗎？我剛洗完澡，好想妳。」

「我想聽妳的聲音，妳的聲音讓我安心。」

「妳知道嗎，我從來沒這樣想過一個人，真的。」

語氣總是溫柔，話語總是貼心，妳也總是心甘情願陪著他聊到天亮。

但天亮以後，他不再回訊息；妳說早安，他已讀；妳說「你今天工作加油」，他沉默；妳分享生活照片，他既不按讚，也不留言。

這樣的循環久了，妳開始懷疑：我存在的時間表，是不是只在他寂寞的夜裡？

他說的「想妳」，
只是因為夜裡無聊，想找個人說說話

這類互動行為稱為時段式情感喚用，即某一方在特定時間段內啟用情感連線，進行情緒投射與親密互動，但在其他時段刻意斷線、不維繫、不回應。

他在夜裡想妳，是因為那時他孤單、安靜、需要陪伴；他白天不理妳，是因為現實生活開始運作，他有更重要的事情要處理，也不想讓妳占據他的現實版圖。

妳的存在，像夜間版 APP，深夜可開，白天關閉。

他不是忘記妳，只是有選擇地打開妳的「語音版戀愛功能」，關掉妳的「日常情感需求」。

妳以為他晚上的甜，是白天也在的證明；
其實那只是「當下感動」而已

他深夜說愛妳，但從不在妳需要他時出現；他說「我想妳」，卻不願花時間問妳今天過得怎麼樣；他聽妳說話時很專注，但從來不記得妳說的內容。

妳想過是不是他只是忙？

是不是他不太會用文字表達？

是不是妳太敏感？

但那種被啟用又被冷落的節奏，讓妳開始懷疑自己是不是根本不是戀人，而只是「臨時語音依賴對象」。

他不是不愛妳，他是只在他需要妳的時間裡「愛一下」

他說「妳是我最放鬆的存在」，但放鬆完，他就關機；他說「我最想的人是妳」，但白天想的事從來沒有妳的份；他說「我想抱妳睡覺」，但醒來之後就不記得昨天說過什麼。

妳不是沒察覺他情緒的不對等，只是妳太想相信：

如果一個人在夜裡這麼溫柔地對我說「我愛妳」，那他一定是真心的。

但愛不是只有在夜裡的那幾個小時，愛也不是語音說幾句「好想妳」，就能抵消白天所有的空白與冷漠。

妳不是愛得太滿，是他選擇在妳睡不著時給糖，白天卻讓妳挨餓

妳失眠，他說陪妳；妳難過，他語音唱歌給妳聽。

妳說妳覺得自己像被忽略，他就深夜打來，說：「我真的很在乎妳，只是最近壓力大。」

妳信了，妳一再原諒他白天的不回應，因為夜晚他總會補一點溫柔。

妳說自己不貪心，但妳心裡明白：那些語音的甜，根本不夠養活一段真實關係。

妳的孤單沒有被填滿，只是被他的語音麻痺了短暫的空虛。

時段式虛擬情感互動與失衡依賴檢查表

評估項目	**是／否**	**發生頻率**	**備注說明**
他是否僅在深夜時主動與妳語音、聊天、表達親密？			如凌晨傳訊、說愛妳、陪妳排遣負面情緒等
妳是否經常白天主動聯繫，但長期未獲得即時回應？			包括已讀不回、簡短應付、無互動等
他是否強調夜間陪伴的重要性，卻迴避白天互動？			含說「白天太忙」、迴避日常話題等
妳是否因夜間親密而持續忍受白天的忽視？			如壓抑不滿、等待、合理化他的消失等
妳是否將語音裡的承諾誤認為戀愛的證明？			如「他說想我就是真的喜歡我」等心理推論
妳是否在這段關係中出現情緒不穩與期待失衡？			含焦慮、睡眠混亂、自我懷疑、心情低落等

第五節
我把每次聊天都當戀愛證據，他只是在線無聊

他每天都在，讓我誤以為這種陪伴就是愛

我們幾乎每天都聊天，從早安到晚安，話題從星座聊到人生目標，從寵物貼圖聊到童年創傷。他懂得傾聽，也很會回應，總能在我焦慮時說一句：「別怕，我在。」

有一天他說：「如果妳在我身邊，我一定不讓妳那麼辛苦。」

那句話像電流穿進心裡，我開始相信，他可能是真的有在乎我。

我把我們的對話反覆讀、截圖收藏、當作一段曖昧正在慢慢發酵的證據。

直到我不小心翻到他的社群留言串，他在另一個女生的限動下寫：「最想妳的人就是我。」

我才知道，那些我以為是我們之間獨有的話語，其實只是他對任何「剛好在線上又剛好有空」的人說的溫柔版本。

妳把他的對話當戀愛，他只是把妳當一種排遣

這種現象稱為單向情感投射，一方在虛擬互動中投注真實情感，將對話內容誤認為關係發展依據，而對方其實僅出於消遣、社交習慣或臨時陪伴的需求。

他說：「妳真的很好聊。」

妳解讀成：「他欣賞我的靈魂。」

他說：「我們以後一定要一起看那部電影。」

妳解讀成：「他已經在規劃跟我有未來。」

但事實上，他沒有打算愛誰，只是想找個人聊聊而已。

這不是妳錯，是因為他讓妳太容易相信，他說的那些話，是有方向、有情感、有打算的。

他在線，是因為無聊；妳在意，是因為妳把他當重要

妳不是不聰明，只是當一個人每天都出現在妳生活裡，妳自然會以為他是為了妳來的。

但他對每個人都這麼有趣、這麼有耐心、這麼熟練地建立情緒連結。

他不是不會談戀愛，只是他不想負責。

他說：「我真的很喜歡跟妳聊天，妳懂我。」

但當妳說：「我們這樣算什麼？」

他回：「我們就這樣不是也很好？」

妳想前進，他只想停留；妳想問清楚，他只想「不要破壞這樣的舒服感」。

因為妳的真心，對他來說太沉重。而他，只想要剛剛好的互動密度、剛剛好的情緒流動、不用承諾、不需面對。

妳以為聊天是愛的開端，他只是把陪聊當成日常配備

妳每天打開聊天室都會期待他在線上；妳說了小事，他會回應；妳問他煩惱，他會敞開心房；妳以為這些都是戀愛前奏，甚至會幻想哪一天可以一起約會、旅行、看電影。

但對他來說，這些不叫愛，叫「剛好今天我無聊，妳剛好在線上」。

他沒有傷害妳，他甚至覺得自己很無辜。

因為他沒說喜歡妳、沒說要交往、沒說未來。

而妳在他的沒有明講之下，自己建構了一座愛情幻覺的大樓。

妳不是愛錯人，是妳過度相信了語氣裡的溫柔會轉變成關係裡的認真

他沒有說愛妳，但他也沒有說不會愛妳；他沒有說一起未來，但他也沒有說未來不可能；他說得剛剛好，讓妳心動卻無法確認，讓妳期待卻無從定義。

這種模糊，讓妳卡住，動彈不得。

妳不敢問，怕他說「我們不適合」；妳不敢進，怕一跨過界線，他就會消失。

但他從來沒打算前進。

他只想妳留在那個聊天室裡，陪他度過下一次的寂寞、下一場焦慮，下一輪語音慰藉。

虛擬互動情感誤判與自我投射覺察表

評估項目	是／否	發生頻率	備注說明
他是否每天與妳穩定聊天但從未提及實體互動？			僅聊生活、情緒、興趣等不延伸至現實
妳是否將對話內容視為戀愛發展依據？			如截圖保存、幻想未來、認定曖昧進行式等
他是否回應親密語句卻從未明確表示情感立場？			如「妳真的很特別」、「我們很合」等含糊說法
妳是否曾提出關係定位問題但遭到推託或模糊回應？			如「現在這樣不是很好？」、「先不要破壞氣氛」等
他是否同時對其他人也展現類似聊天模式？			包括社群互動、留言、語音頻率等觀察線索
妳是否在他上線時極度期待、離線時焦慮失落？			含情緒起伏、心理依賴、日常節奏受其影響等

第六節
網戀最強的不是甜言蜜語，是自我催眠

他沒有說愛妳，
但妳卻已經演完了一整段戀愛劇本

他每天傳訊息跟妳說晚安，偶爾叫妳「寶貝」、說「好想妳」，妳就覺得自己好像有一個遠方的男朋友。

妳開始期待他的訊息、心疼他的過去、參與他的焦慮，甚至幻想兩人未來要住哪一區、過什麼樣的生活。

可是——他沒有說過在一起、沒有說過見面計畫，甚至連一張清楚自拍都沒傳給妳。

但妳卻默默幫他找了理由：

「他比較慢熱。」

「他不習慣用視訊。」

「他真的很忙，我懂。」

「這世界上，靈魂的親密也許不需要見面。」

這些不是他說的，是妳替他說的，是妳用自己的解釋為他補上沒說出口的承諾。

他只是線上閒聊，妳卻線上談愛

這類互動稱為情感幻覺自我催眠，指的是一方基於零星訊息與模糊語言，自行建構出「正在被愛」的敘事結構，進而在未確認的關係中投入高度情感與幻想。

妳不是笨，是因為妳真的很認真地把聊天當作互相了解的過程；妳不是盲，是因為他講話真的剛剛好停在可以解釋成「他有意思」的邊界。

妳不是沒懷疑過，只是妳不想打破那個用妳自己想像出來的戀愛幻境。

因為在這段只有妳主動經營的關係裡，主角是他，但編劇一直是妳。

妳不是聽信他的甜言蜜語，
是聽信了妳自己內心最想相信的劇本

他說「我想妳」，妳在腦中自動配上擁抱畫面；他說「如果有妳在就好了」，妳自動演起遠距戀人的角色。

他深夜傳語音說：「妳真的很好」，妳在心裡把這段話當成表白的前奏。

但隔天他就消失、已讀不回，妳心裡會想：「也許他工作太忙。」

妳從不認為他在敷衍，妳只會幫他解釋：「他不善言詞。」

妳甚至不會責怪自己太傻，妳會說：「這段感情我學到很多。」

這不是妳不醒，是因為妳寧願繼續催眠自己也不想面對：他從頭到尾都沒真的愛過。

網戀裡最難戒斷的不是對方，是自己創造出來的那個「他」

妳知道現實中他有多模糊；妳知道他總是躲避關係、拒絕見面、模糊身分、逃避定義；但妳心裡一直活著一個版本的「他」：那個只對妳溫柔、懂妳、在乎妳、只是暫時還沒準備好的人。

而那個人不是他 —— 那個人是妳用他的聲音、他的回應、妳的愛、妳的期待，拼湊出來的虛構戀人。

這才是為什麼，妳明明知道這段關係不真實，卻還是捨不得退出。

因為放下這段關係，就像親手殺死了自己一手創造出來的愛情故事。

妳不是輸在對方，而是輸在妳一直努力說服自己「我沒有輸」

妳還在等他出現，還在想要不要再主動一次，還在問自己：「是不是我太急了？」

還在幻想：「如果我再多一點耐心，他會不會真的把我當一回事？」

但妳心裡知道——他從沒把妳當戀人。

他只是寂寞、無聊、缺人說話時選擇了妳；而妳，卻選擇了他當妳未來的人。

催眠最強的不是他的語音、不是他的貼圖、不是他的訊息語氣——是妳對愛的渴望，讓妳甘願不醒。

自我催眠式網戀關係認知偏誤檢查表

評估項目	是／否	發生頻率	備注說明
妳是否常用自己的解釋幫對方填補模糊語言與行為？			如「他說忙所以沒回」、「他應該是慢熱」等
妳是否將日常聊天視為戀愛發展證據？			包含截圖保存、幻想見面、推演進度等
對方是否從未明確表示感情承諾或未來打算？			如未談未來、不說愛、不談見面等
妳是否曾在他冷淡時用「他其實不是壞人」自我安撫？			包含合理化、內化錯誤、承擔關係責任等
妳是否覺得自己愛的是「他」，但其實是「他在妳心中投射出的版本」？			情緒依附深、現實資訊薄弱、難以脫離等
妳是否在明知關係虛無時，仍選擇不清醒只因怕痛？			如逃避提問、拖延結束、無法離開等

第十章
他說她不懂他，我就以為我懂他

第一節　他抱怨她，我卻把自己當救贖

他說她太冷漠，我卻熱到把整顆心端給他

他第一次跟我聊起她，是我們在咖啡廳裡無意間談到感情的話題。

他語氣疲憊地說：「她好像總是不太懂我。」

我問：「你們在一起多久了？」

他說：「三年吧，但最近真的很難溝通，她總是回我『妳太敏感了』。」

那一刻，我心疼了。不是對她的無情，而是對他說話時眼神的無力。

從那天起，我像是一種補位的情緒角色，被悄悄地安插進他人生裡。

我開始主動關心他、為他解釋她的語氣太衝、在他加班時陪他熬夜，還會替他分析「她可能是工作壓力太大」。

他愈來愈依賴我，我也愈來愈相信自己是他的避風港——那個他真正需要的人。

我以為我懂他比她多，於是我努力讓自己變成一種救贖。

我從不催他，不逼他，不埋怨不定義，我只是靜靜陪著，等他有一天說：「妳比她更適合我。」

他從沒說要我拯救，但我卻自動走上那條路

心理學將這種關係狀態定義為救世主情結（savior complex），指的是一方在得知對方的現任關係出現問題時，自動認為自己能「理解更多、付出更多、改變結局」，進而投注過度情感與行為，錯認自己為解藥。

他說：「她都不傾聽我。」我就每天聽他語音到凌晨。

他說：「她對我沒耐心了。」我就變成最懂分寸的陪伴者。

他說：「有時候我覺得在一起只是習慣。」我就在心裡寫下「我是例外」這句話。

我以為只要我足夠柔軟、足夠懂事、足夠為他設想，他總有一天會看見我是那個他該選擇的人。

但我沒想過的是——他在我這裡尋求理解，不代表他在愛我；他對她失望，不代表他會轉身擁抱我。

妳以為他是在找出口，他其實只是在找休息站

他沒有離開她，卻每天都跟我說他有多不快樂；他沒有分手，卻在我面前像是被困住的靈魂，渴望一點自由；他沒有給我任何承諾，卻讓我替他完成所有心靈照護工作。

他說：「如果我早點遇見妳就好了。」

我聽成：「我其實更想選擇妳。」

他說：「跟妳在一起聊天我可以真的放鬆。」

我聽成：「妳才是那個讓我快樂的人。」

但他回家的時候還是牽著她的手，發文、打卡、出遊，公開的身分還是她；而我，只是深夜的文字慰藉、聊天的回音牆、負能量的情緒回收桶。

我沒被選擇，卻已經把自己交出去了。

妳不是不清楚這段關係的模糊，是妳一直在等他把話說清楚

我不是不知道我們的關係有問題，只是我一直等他說一句：「我不能這樣對妳了。」

我希望錯的是時間，不是人；我希望他只是被壓住了，而不是從沒想放開她。

我以為愛是一場理解與堅持的比賽，誰撐得久、誰更懂、誰願意無聲陪伴，誰就會贏。

但愛情從來不是憑努力得來的東西，特別是當對方從頭到尾都沒有打算讓妳入場的時候。

妳不是輸給她，而是輸給自己錯誤的信念：「我可以改變他」

妳以為自己給得比她多，他總有一天會回頭；妳以為自己更懂他，他總會醒來發現「原來這才是真愛」；妳以為自己是命

中的救贖，卻沒發現他只是讓妳短暫替他擋風而已。

他抱怨她不是為了尋找替代品，而是為了讓自己在關係裡依然有臺階下，有人聽，有人懂，有人讓他無需改變就被安慰。

而妳心甘情願成了那個人，卻從沒被他真正放進選擇裡。

救世主角色自我覺察與情感耗損檢查表

評估項目	是／否	發生頻率	備注說明
他是否經常抱怨現任關係並強調「妳比較懂他」？			如「她不了解我」、「妳總是能聽懂我在說什麼」等
妳是否主動替他分析關係問題並提供情緒支持？			如安慰、建議、陪伴至深夜、強化自我價值感等
妳是否因他的脆弱而產生「我是救贖」的錯覺？			如相信自己可以改變他、取代對方等
他是否未做出任何實質行動來結束原有關係？			含不分手、不說清楚、保留雙方互動等
妳是否長期處在付出與等待中，卻無名分或明確承諾？			包括心理依賴、延後其他關係可能性等
妳是否將他的失望投射為「他會選擇我」的希望？			含幻想未來、誤讀語言、過度代入角色等

第二節
他說「妳才是我的靈魂伴侶」，卻陪她去度假

他說我懂他的內心，她卻陪他出現在現實的照片裡

「如果當初遇到的是妳，我的人生一定會不一樣。」

這是他在一次深夜語音裡對我說的話。

他語氣低沉，帶點感傷，說他和她之間早就沒有共鳴，只剩下責任、倦怠與重複的爭吵。

他說：「妳才是我靈魂裡真正需要的那個人。」

我聽完哭了，不是因為這句話多感人，而是因為我相信——我終於被認可了。

我覺得我贏了靈魂、贏了理解、贏了他說的「真正的他」。

直到我在限時動態看到他和她一起出國的合照，手牽手、靠在山邊、背景是藍得不可思議的海岸線。

我才發現，我贏得的是他的話語，輸掉的是他的行動。

靈魂伴侶的話說給妳聽，旅行的安排卻是她的份

這類關係型態稱為語言性情感轉移，指的是某一方透過語言對另一方建立高親密連結，但實際行為與情感選擇仍鎖定在原有伴侶上，形成一種「說的都是妳，做的都是她」的雙軌關係。

他說妳是他真正想靠近的人，卻在現實中選擇與她一起創造回憶；他說妳最懂他，卻把人生重要的節慶、假期、合照全都給了她；他說他和她早已沒有火花，但每一張他公開給別人看的照片裡，笑容都屬於她。

他讓妳成為他內心深處的祕密，而不是生活裡的選擇。

他不是沒選妳，是他從沒打算讓靈魂伴侶走入日常

他說妳太懂他了，他怕傷害妳；他說和妳在一起太純粹，他怕現實會汙染這段美好；他說她跟他只是習慣，但現在分開太複雜、會有牽連、會讓很多人受傷。

妳聽著這些話，一邊想他多麼內疚，一邊替他找理由。

妳甚至開始覺得，是自己太急了，不該這麼在意他還沒跟她分開。

但妳心裡其實明白，這世界上真正愛一個人，不會只說「等一下」，不會只留妳在話語裡等他清醒。

他把妳放在心裡最深的位置，卻從沒為妳騰出生活的一席之地。

妳不是沒贏過他的情緒，只是從沒贏過他的選擇

妳是他想說話時第一個想到的人；是他情緒爆炸時最信任的出口；是他在壓力崩潰邊緣時，唯一會主動聯絡的人。

但當他要決定去哪裡過節、跟誰過生日、帶誰去見朋友家人——答案從來不是妳。

他把妳放在他心裡最柔軟的地方，但那地方沒有門牌、沒有路名、沒有正式地址。

他讓妳以為妳住進了他心裡，但其實妳只是在他精神世界裡短暫租了一間可以被遺忘的房間。

他說得很誠懇，卻從不讓妳真的走近

他每一句話都像誓言，但從未有行動來支持；他說「有妳真好」，卻從未為妳清空人生的一個角落。

他說「我好像越來越離不開妳」，卻每次約見面都說：「最近太亂了，再等等。」

妳不是沒懷疑，只是妳太希望這段話是真的；不是不明白現實的距離，只是妳太相信靈魂的靠近可以戰勝生活的選擇。

可是最終，她是他出現在合照裡的搭檔，而妳只是他沒說出口的詩句。

語言性承諾與行動性逃避落差自我檢測表

評估項目	是／否	發生頻率	備注說明
他是否常以「靈魂契合」、「懂我」等詞語強化你們的親密？			如「從沒人像妳這樣理解我」等表達

評估項目	是／否	發生頻率	備注說明
他是否未曾實際在行動中選擇妳作為公開或生活伴侶？			包括出遊、聚會、打卡、節日安排等
他是否以「怕破壞這段關係」為由拒絕具體前進？			如迴避見面、推託定義、避免承諾等
妳是否因他情緒依賴而誤認為自己已成為首選？			包括長期陪伴、投入資源、代替照顧等
他是否在重大決策或公開生活中始終選擇原有伴侶？			包含旅行、家人見面、重大事件等
妳是否常感覺自己是「心靈上的主角，生活裡的影子」？			含自我懷疑、情緒耗損、邊緣感等狀態

第三節　我贏得他所有情緒，卻輸給他的選擇

他所有的脆弱都給了我，所有的未來卻給了她

他說我總是在他最需要的時候出現，他說我聽得懂他的語氣，不像她總是說他太玻璃心；他說跟我在一起能呼吸，說我才是那個真正理解他的人。

每當他崩潰時，我是唯一會接他電話的人；每當他失眠時，我是唯一陪他語音到凌晨的人；每當他想逃離，她的身影就被我替代，成為他話語中的第三人稱。

我以為這樣的我，在他心裡會逐漸變得不可替代，直到他某天傳訊息說：「我要跟她求婚了，謝謝妳一直以來的陪伴。」

那一刻我才明白，他讓我贏得了所有的情緒信任，只是為了讓他有力氣回到她那裡。

情緒依賴，不代表情感選擇

這種關係結構稱為情緒替代型親密錯覺，一方在關係中提供極大量的情緒支持與理解，誤以為對方的情緒依賴等同於戀愛關係中的首選與唯一，但實際上對方在關係選擇上依舊維持原有關係或回歸熟悉依附對象。

他不是沒依賴妳，他只是把妳當成情緒的避難所，而不是人生的決策夥伴。

妳給他情緒安撫，他就更能在外扮演「好男友」；妳讓他在妳面前放鬆，他就有能量去撐起對她的責任；他說妳懂他，但懂得人，並不等於被選的人。

妳不是沒被需要，是從來沒有被承諾過

妳一直在等，等他哪天說「我想離開她」；妳一直在忍，忍他和她繼續同框，卻私下找妳傾訴。

妳一直在想：「他是不是只是還沒準備好？」

妳安慰自己：「我至少比她懂他。」

妳說服自己：「他最真實的一面只給我看。」

妳甚至覺得自己像是他人生中的靈魂港灣 —— 但港灣再溫暖，也只是過渡站。

而他不是沒看見妳的好，他只是知道 —— 妳的好不用負責任去守。

妳用情緒的勝利，換來真實裡的輸局

他說「我沒有她會崩潰，但我沒有妳會迷失」，這句話聽起來像詩，卻是最殘忍的安排：他要她來穩定人生，要妳來照顧靈魂。

但婚禮那天，牽他手的，是她；人生未來的每個選項裡，都沒有妳的名字。

妳不是不重要，而是他需要的情緒穩定劑，不是他願意站在陽光下說出來的名字。

妳輸的從來不是愛，而是妳相信愛能夠扭轉現實

他說：「我不是不愛妳，只是我有責任。」

他說：「如果沒有這些現實問題，我一定會選妳。」

他說：「我們的關係太特別了，不該被破壞。」

但這些話每一句都是漂亮的棄牌宣告 —— 他說得體面，妳聽得委屈。

妳不是沒贏過他的心，而是從來沒被他帶進「真實生活的選擇」。

妳的理解讓他更有力量去演好「他應該成為的人」，但不是那個會為妳撕破一切、重新開始的他。

情緒親密與選擇落差關係覺察表

評估項目	是／否	發生頻率	備注說明
他是否持續對妳傾訴現任問題，強調妳懂他？			如「只有妳理解我」、「她真的不了解我」等語言
妳是否提供大量情緒支持，卻從未獲得關係名分？			如安慰、傾聽、陪伴、不求回報等互動
他是否在關係發展上仍選擇保留原本伴侶？			包括結婚、旅行、公開互動、生活參與等
妳是否因他語言的情感暗示而延遲離開？			如「我們不該破壞這段感覺」、「再給我一點時間」等
妳是否自我定位為情緒勝利者卻忽略實際落差？			如「他最信任的是我」、「他愛我只是還不能選」等
妳是否在他作出最終選擇時感到背叛、困惑與失落？			含心理崩潰、自我否定、重新懷疑自我價值等反應

第四節　他說我讓他放鬆，她才是生活壓力 —— 可惜他選了她

他說妳像休息日的微風，
但他最後還是選擇回辦公室加班

「跟妳在一起我好輕鬆，什麼壓力都能忘記。」

「妳不會像她一樣碎碎唸、不會逼我做決定，讓我可以真正做自己。」

他這樣說的時候，我真的相信我對他來說是特別的。

我們聊天時，他可以卸下偽裝，不需要扮演那個成功、強勢、肩膀寬大的人。

他說我讓他覺得安全，說我像是他人生裡從沒遇過的「靈魂舒適圈」。

我以為這樣的我，終有一天會成為他願意留下來的人。

直到他告訴我：「她想跟我復合，我決定再給我們一次機會。」

那瞬間我才明白 —— 我是他的放鬆，不是他的選擇。

他不是不喜歡妳，
是他需要妳「不占據」他的現實人生

這種互動稱為壓力逃逸型情緒依附，指的是一方在原有伴侶關係中感受到高度責任與壓力時，尋求另一位理解型對象進行情緒紓解與喘息，但實際生活仍選擇回歸原有結構。

他說妳像溫泉，她像戰場；妳是他無需偽裝的片刻寧靜，她是他必須面對的現實責任。

他抱怨她對他有要求、有脾氣、有標準；而妳總是包容、理解、不問未來、不提定義。

妳像是生活裡的舒壓小站，他卻從未打算搬過來住。

因為妳太舒服，舒服到讓他只想偶爾來放鬆一下，但不想為妳規劃長住計畫。

妳是他逃避現實的港灣，
但他選擇的是讓他痛苦的那座城市

妳陪他度過低潮，當他世界塌陷時是唯一還能聽他講話的人。

妳不問、不鬧、不抓，他每次都說：「只有妳不給我壓力。」但他不回訊息的時候，妳也不敢問。

他突然消失幾天，妳也只說：「他可能累了。」

他對她說：「我會努力改變，我們可以再試一次。」

對妳說：「妳才是讓我快樂的那個人。」

可是當他要選一個人牽手回家、過年、面對生活 —— 他選的還是讓他喘不過氣的那個人。

因為他知道她會逼他成長、她會要求他成為一個更穩定的伴侶；而妳，只是那個不會為難他、不會催他、不會讓他焦慮的「舒服選項」。

他不是看不見妳的溫柔，
而是習慣了只在累的時候回來喝口水

他在妳這裡得到理解，就更有力氣在她那裡撐下去；他把妳的溫柔當成彈性支撐架，一次次幫他修補被現實壓碎的情緒裂縫。

妳說自己不急，說自己能等，說自己只是希望他快樂。

但事實上，他只是讓妳成為他壓力管理的外包對象，卻從不讓妳加入他人生公司的正式名單。

妳沒錯，只是妳一直讓他太輕鬆了 —— 輕鬆到他可以不給名分、不解釋、不決定、不離開原本的人，還能擁有妳全部的陪伴與情緒能量。

壓力逃逸型親密關係與選擇落差檢查表

評估項目	是／否	發生頻率	備注說明
他是否強調妳讓他「沒有壓力」、「可以做自己」？			如「妳真的太懂事」、「妳讓我放鬆」等語言
妳是否不曾對他提出任何具體要求或關係進度？			含不問見面、不談未來、不提名分等
他是否持續回歸原本伴侶關係，並無具體改變行動？			如與原伴侶出遊、復合、共同生活安排等
妳是否因他的情緒依賴而誤認為自己是優先對象？			包含自我安撫、幻想被扶正、延後離開等行為
他是否將妳當作情緒紓壓出口，卻從不給妳實質回應？			包含不主動聯絡、冷淡回訊、模糊定義等
妳是否長期感到自己是「舒服的選擇」，但從未被選？			含心理疲憊、失落、懷疑自我價值等

第五節　我是替代品，他卻讓我以為我是唯一

他說我是最懂他的人，可惜那不是他用來愛的條件

「如果她有妳一半體貼，我們可能不會變這樣。」

這句話是他在我們認識不久後對我說的。

那時候的我，還沒有完全投入，但他說的語氣太誠懇了，

像是無助、像是真心、像是從一段感情的傷口中延伸出來的理解渴望。

我開始想，也許我可以填補她沒給他的那些東西。

我開始陪他講電話、幫他整理簡報、聽他說前女友多冷淡，聽到凌晨還跟他說：「沒事，有我在。」

他說我很特別，說從沒有人能這樣接住他的情緒。

他沒有說要在一起，但每天都找我；他沒有說喜歡我，但每天都說「我真的不知道該怎麼沒有妳」。

我以為我正在成為他人生裡最特別的那一個，後來才發現，我是他人生卡關時，暫時使用的備援方案。

他沒說妳是替代品，但他從不讓妳成為主角

這種關係稱為角色錯認性情感依附，意即：一方誤以為自己在關係中的定位是首選、是特別的、是唯一的，實際上則只是替代性支持者，在原本關係運作不順時被臨時啟用，但無法進入長期關係架構。

他需要妳，但不建立關係；他親密妳，但不定義關係；他依賴妳，但不承擔責任。

他讓妳以為自己是他的「例外」，其實只是妳剛好在他失衡的人生中，出現得夠及時。

他說妳是唯一能讓他安心的人，但他卻從未放下其他人。

他不是故意騙妳，只是他剛好
不想孤單，而妳剛好溫柔

他沒說謊，他真的有痛，他真的有傷，他真的被那段關係折磨到喘不過氣。

而妳剛好在，剛好耐心，剛好不多問。

所以他讓自己投入一點點，卻保留退場的空間；他給妳很多語言、很多情緒、很多對未來的隱喻，卻從沒給妳一段真正走得出去的關係。

妳不是沒懷疑過，只是妳總告訴自己：「他只是還沒準備好。」

妳不是不清楚他對妳的好沒有邏輯，只是妳太渴望那份「我是特別的」感覺能成真。

但其實 —— 他只是不想一個人，而妳剛好懂得填補那個空缺。

妳贏了他的心碎，卻沒贏得他想攜手走未來的決心

他說妳讓他變得柔軟，讓他重新相信被理解的可能性；他說妳跟誰都不一樣，是「生命的意外驚喜」；他說妳值得更好，但他現在給不了妳什麼。

妳聽進去了，也默默把那些語言翻譯成：「我等妳準備好。」

但後來妳發現，他換了工作、搬了家、重新調整生活，唯一沒變的就是 —— 他還是沒選妳。

他繼續和她交往、或另和別人發展；而妳還在原地，等他哪天發現真正該走向誰。

他讓妳成為情緒出口，卻從沒讓妳走進他人生的門口。

妳不是不夠好，是妳被擺在不該留戀的位置上太久

他沒有明講，但妳懂他；他沒有承諾，但妳等他；他沒有行動，但妳相信他說的每一句「我很珍惜妳」。

妳覺得自己比任何人都貼近他的真實；但妳終於醒來那天才發現——

他只是在人生轉彎處，暫時倚靠了妳的肩，卻沒說要牽妳的手繼續走下去。

妳不是不值得被愛，而是因為他從頭到尾都沒打算給妳一個能被愛的位置。

情緒替代品與愛情錯覺關係自我檢查表

評估項目	是／否	發生頻率	備注說明
他是否頻繁向妳傾訴情緒卻從不談及未來規劃？			如不提關係走向、不主動安排實際互動等
妳是否誤以為自己是例外而願意承受現狀？			如「我只是比別人慢一點被看見」等心態
他是否在語言上強調妳的特殊性但行動上選擇他人？			如同時維持他人關係、對外不公開等

評估項目	是／否	發生頻率	備注說明
妳是否承擔過多情緒照顧與陪伴卻無名分？			如長期安撫、包容、主動維繫關係等
他是否在人生調整後仍未重新評估妳的角色？			如搬家、升遷、重新交往對象仍排除妳等
妳是否長期將自己定位為「幫他過渡」的角色？			含等他好起來、準備好、清醒後會選妳等幻想

第六節 他從沒承諾什麼，但我早已默認我們的關係

他不曾說我們是什麼，我卻替我們寫完了未來

他從來沒說過：「我們在一起吧。」

但他每天說晚安，問我吃飽沒，跟我分享他的一天。

他沒有說喜歡我，但每次我不開心，他都會陪我聊到凌晨。

他沒有說我們是情侶，但在他生活低潮的時候，最需要我的時候，他說：「還好有妳。」

我們沒有名分，卻像情侶；我們沒有規劃，卻每天互動；我們沒有對話定義，但彼此牽掛已成自然。

我沒有等他說出承諾，因為我已經在心裡默認——這就是一種關係了。

他沒有騙我，我只是自願將曖昧翻譯成穩定

這種狀態稱為非明示性關係默契，指的是一方在長期的情感交流中，基於對頻率、親密度、語氣與陪伴的解讀，逐步構築起「我們正在關係中」的心智認知，即便對方從未給予明確承諾。

我以為他的不說，是一種含蓄；我以為他的沉默，是一種深情；我以為他的不定義，是一種「還沒準備好」而不是「根本沒打算」。

我自動把每一次聊天、每一次陪伴、每一次深夜語音，都當作是愛的證據，一塊一塊組裝出我們的關係樣貌。

我太怕問「我們是什麼」，因為我已經知道答案

我不是沒想過問清楚，只是我太怕問出口的那一刻，一切就會瓦解。

我太明白我們的連結脆弱得像一張未命名的照片，只要點進去看標題，就會發現它根本不在任何相簿裡。

所以我選擇不問，不確認，不逼他，只默默把自己往「女朋友」的角色靠攏，做他需要的事，講情人說的話，給足安慰與支持，然後在他的沉默裡替我們蓋一棟沒有地基的房子。

他沒說「我們」，我卻已經用「我們」安排過未來

我曾在腦中排練過我們一起生活的日子：

假日去哪裡散步、我會幫他煮什麼晚餐、我們的朋友會不會變成共同朋友圈。

我也想像過他帶我去見父母、過年我們回誰家、我們怎麼養一隻貓。

這些畫面他從未給過，卻在我的心裡日復一日活著。

我以為只要我夠堅定，這些幻想會成真。

我以為只要我一直在，他總有一天會回頭確認：「其實我們早就像在一起了。」

但現實是，他只享受那種不被定義的自由，因為在那個空白裡，他可以進可以退，可以說我重要，也可以隨時說我們不是那樣。

我不是輸在他沒愛我，
而是我自己早就默認了關係的存在

我不是輸在他沒說清楚，而是我太渴望這段關係成立，以至於連他的曖昧、缺席、模糊，我都翻譯成「他正在努力」。

他從來沒有真的欺騙我，但他也從來沒有阻止我自欺。

他給了一點訊息，我就拼湊成一段情節；他留下一點溫度，我就渴望長久的陪伴。

他說：「妳真的很好」，我就自動補上「我們是彼此最適合的人」。

而當他說出：「我們其實沒有什麼吧？」的那一刻，我才驚覺——原來那段感情，從頭到尾只有我一個人相信它存在。

非明示性情感默認與關係錯位檢查表

評估項目	是／否	發生頻率	備注說明
他是否從未給出明確的關係定義或承諾？			如不說「在一起」、不談未來、不定義角色等
妳是否根據互動頻率與親密程度自行推定關係？			如每日聯絡、互相關心、分享私密話題等
妳是否在未確認關係下已開始進行情侶式互動與規劃？			包含幻想未來、安排日常、付出照顧等
妳是否因害怕真相而迴避關係定位的對話？			含「不敢問怕破壞關係」、「他不說我就不提」等想法
他是否在情感互動中保持模糊、進退自如？			如熱情時極親密，冷淡時強調「我們沒什麼」等
妳是否在關係破裂時感覺自己像被驚醒的單人戀愛者？			含強烈失落、自我否定、懷疑所有過往真實性等

第十一章
妳不是他唯一的選項，只是他剛好可以用的人

第一節
他說「我沒騙妳什麼」，但一直模糊所有界線

他沒說愛我，也沒說不愛我，
我卻在中間站成了守候者

他從沒說「我們在一起」，但行為像戀人；他從沒說「我喜歡妳」，但對我比對朋友更親近；他從沒說「我會選妳」，但也從沒說「不要再等」。

他說：「我沒有給妳任何承諾，也沒騙妳什麼。」

語氣像是無辜，像是在撇清責任，也像是在提醒我——一切都是我自己誤會的。

可是，我們一起過節、他會吃我做的便當、他深夜傳語音說想我，當我難過時，他說：「有我在。」

當我開心時，他說：「我也替妳開心。」

這些話，他都說得剛剛好，讓我剛好無法離開。

他沒說出口的界線，就是他最堅固的安全網

這種互動稱為非責任型情感操控，指的是一方刻意維持關係的模糊性，透過語言或行為創造情感依附，但避免給出承諾，藉此保有主導權與備援空間。

他不說「我愛妳」，就可以在不愛時不道歉。

他不說「妳是我的誰」，就可以在妳提出質疑時說：「我們有說好什麼嗎？」

他用沉默掌控節奏，用模糊延長期限，讓妳在空白裡寫自己的劇本，卻讓所有結局只屬於他。

他沒騙妳，是因為他從頭到尾都讓妳自己騙自己

他說：「我沒有說過會給妳什麼。」

妳說：「但我們這樣不像只是朋友。」

他說：「妳覺得不像，那是妳的感覺。」

妳反問：「所以你從來沒動心過？」

他說：「我很喜歡跟妳在一起的感覺。」

這些對話，是曖昧關係裡最經典的模糊技術。

他讓妳以為「他只是還不敢說出口」，其實他只是還沒決定要不要繼續用妳的好。

妳把他的欲言又止當成深情，卻沒看見那只是他為自己保留退路的語言藝術。

妳不敢問他立場，因為妳知道
一旦問了，就會失去他現在給的這些

妳從來不缺答案，妳只是太清楚他不會給妳想要的那個。

所以妳選擇相信暗示、相信頻率、相信那些「我們很合」的碎語，妳開始在關係裡自動扮演女友的角色，不提名分、不問未來、不談界線。

妳說：「我只是希望他快樂。」

妳說：「我們不需要那麼快定義。」

妳說：「這樣其實也不錯。」

但心裡的妳知道，這不是愛的模樣，這只是妳為了不失去他，所做的降格安排。

他不是誠實，他是把妳困在「他沒說過」的牢籠裡

他讓妳自由想像，但不承擔後果；他讓妳主動靠近，卻不迎接也不推開。

他說得清清楚楚：「我沒騙妳，我從沒說過什麼。」

但他從不說的是——他一直享受這種妳主動他沉默的權力動態。

他沒說謊，卻把妳的真心當成可用資源。

而妳為了不讓他走，連自己要什麼都不敢說出口。

模糊性關係語言與自我錯置檢查表

評估項目	是／否	發生頻率	備注說明
他是否從未說明關係，但維持高度親密互動？			含陪伴、情緒連結、日常互動等
他是否在被質疑時強調「我沒答應妳什麼」？			包含「我從沒說過要交往」、「這是妳自己以為的」等說法
妳是否在未確認的情況下默認自己是「他的人」？			包含生活照顧、行為默契、情緒依賴等
他是否刻意避談未來、逃避任何定義與承諾？			如不回應進一步討論、不設時間表等
妳是否因害怕失去而避免提出明確關係定位？			含壓抑需求、主動讓步、合理化模糊現況等
妳是否在他說「我沒騙妳什麼」時感到無從反駁卻心碎？			包含憤怒內吞、自責懷疑、深層失落等情緒反應

第二節　他說妳很重要，卻也這樣對別人說

他讓妳以為自己是特別的，
但妳後來發現，原來他對每個人都這麼溫柔

「妳真的不一樣。」

「我從來沒對誰這麼坦白過。」

「妳是我生命裡很特別的一個人。」

他說這些話的時候，我相信了。

我以為我們之間的聊天、分享、語音、陪伴，是只有我才有的待遇。

我以為我懂他的痛，他也只讓我靠近他的脆弱。

直到有天，我點進他的貼文留言，看到他在另一個女生的限動底下說：「有妳真好。」

那個語氣、那個句型、甚至連用的貼圖，都和他跟我說過的一模一樣。

我突然明白 —— 他說得很動聽，但他說過的不只一次、不只對我。

我以為我是例外，但我只是複製貼上的其中一份。

他給了妳「被選中」的錯覺，其實只是讓妳進入「可選擇名單」

這種行為稱為複數情感維繫策略，一種不定義關係、同時維持多段曖昧互動的情感策略，依靠相似語言、親密行為複製，使每位對象都以為自己是唯一。

他不說謊，但他「不只說一次」。

他讓妳感覺妳是特別的，卻沒說妳是唯一的；他讓妳走進他生活一小段，卻讓很多人都停在那一段。

他說：「我沒有對妳以外的人說過這樣的話。」

但妳看到截圖、訊息、留言、語音，他對別人的甜言蜜語與妳一模一樣，甚至連時間也重疊。

妳想問：「那我們算什麼？」

他卻只回：「妳誤會了，我真的覺得妳不一樣。」

但那句「妳不一樣」，卻是他對每個人都說過的臺詞。

妳以為自己是他情緒的歸屬，其實只是他維持溫柔形象的手段

他從不主動定義，也從不澄清。

妳懷疑，他就說：「妳不相信我了嗎？」

妳想確認，他就說：「怎麼連妳也要懷疑我？」

他讓妳不敢懷疑，不好意思問清楚，甚至當妳發現他同時對其他人說著差不多的話時，妳還會替他找理由：「也許他只是習慣這樣講話。」

「可能他只是朋友很多，不代表有感情。」

但事實是，他每一個語氣背後都不是隨口，而是他深知：說這樣的話，可以讓妳留在他身邊。

妳不是他唯一的情緒依附，而是其中一個情緒供應站

當他低落時找妳，找她，甚至還有她們；每個人都覺得自己懂他、能陪他、讓他依靠；但只有他知道——他誰都不選，誰也沒承諾。

他說：「我不是渣，我只是還不確定。」

他說：「我也很煩惱，不想誰受傷。」

但他明明最清楚，讓每個人都抱著希望，才是最讓人受傷的方式。

他說：「妳很好，我不想失去妳。」

但他也這樣留住別人。

妳不是不夠好，而是他太會讓每個人都覺得「剛好是我」。

妳不是沒發現，而是妳太想相信自己是例外

他讓妳覺得，妳是他最安心的人、最信任的人、最可以做自己的人；妳以為，這些詞彙不是人人都有，只是專屬妳的。

但當妳看見他對別人也說：「妳懂我」、「妳最體貼」、「我真的需要妳」，妳的心不是碎，是發現自己早就站在一場沒有排序的選秀裡，只是妳以為自己已經拿到合約。

語言複製型多重曖昧關係辨識檢查表

評估項目	是／否	發生頻率	備注說明
他是否常對妳說「妳不一樣」、「我最信任的是妳」？			且無實際行動支持，例如公開關係、安排未來等
妳是否發現他對他人也有相似親密言語與行為？			如限時留言、私訊語音、標記用語皆相近等
他是否強調「沒有承諾過」，但維持高度親密互動？			包含情緒分享、私密對話、類情侶行為等
妳是否在懷疑他與他人互動時，反而被反問或情緒勒索？			如「妳是不是不信我」、「妳太敏感了」等
妳是否曾為他同樣的溫柔用在別人身上而感到受傷？			並出現否定感、失衡感、自我價值質疑等
妳是否因渴望成為「唯一」而持續合理化模糊關係？			包含自我催眠、避談現況、避免挑明定位等

第三節　他說「我們不一定要關係明確」，因為對他更有利

他說關係不需要被定義，但模糊的總是讓妳痛，而讓他自由

「妳不覺得我們現在這樣剛剛好嗎？」

「有些關係不一定要說清楚，才會更長久。」

「一旦定義了，就會多很多不必要的壓力。」

他說這些話時，語氣溫柔、像在保護什麼，也像在懇求妳成熟。

妳原本想問：「我們到底算什麼？」

但他這樣說之後，妳又把話吞回去，因為妳不想破壞當下這種「好像親密又不用承擔」的平衡。

妳以為他是真的怕關係被定義後會變質，但後來妳才明白 —— 模糊關係，對他來說是一種掌控權的維持，而不是珍惜的表現。

他不是不想給妳名分，是他不想失去選擇權

這種互動模式稱為非承諾式情感掌控，一種利用模糊語言與未定義關係維持情感連結的策略，藉由不承諾，保留可退空

間、自由調整投入比例，同時使對方陷入「不能確定、又無法離開」的焦慮循環。

他用「我們不用說清楚」的話術，讓妳誤以為這是一種成熟的愛。

他說：「妳懂我就好，不用名分來證明一切。」

妳聽起來像是親密，其實他只是不想對妳負責。

因為一旦關係明確，他就不能同時擁有多個妳這樣的情緒供應者。

他用「討厭束縛」包裝「想享受好處不負責任」的本質

他說他不喜歡承諾，因為承諾會讓人失去自由；他說過去曾在一段有名分的關係裡受傷太重，現在只想順其自然。

他說：「我們這樣不也挺好？幹嘛一定要用關係綁定一段感覺？」

但妳明白，這段「感覺」只有在他需要時才啟動；他只在寂寞時聯絡、需要陪伴時出現、無聊時敲妳的訊息；他從不想知道妳是否也需要被定義，只想知道妳能不能繼續不吵不鬧地待在他身邊。

這段不明不白的關係，對妳是困住，對他是方便。

妳說尊重他的步調，其實是在犧牲自己的需求

妳不是不知道自己心裡有不安，只是妳選擇體貼他的顧慮，說：「我可以等妳準備好。」

說：「我不會逼妳，我們慢慢來。」

說：「我覺得感覺重要，名分可以之後再談。」

但日子過了很久，什麼都沒談，什麼都沒發生。

而他還是那句話：「我們就這樣不是挺好嗎？」

妳說的每一句懂事，其實都是在慢慢放棄自己要的東西，去成全他想保有模糊關係的權力。

他說不需要明確的愛，
其實只是他不想被妳明確地要求

妳曾以為關係只要兩個人都舒服，就不一定要貼標籤；妳也曾安慰自己，只要他還在聯絡、還願意陪、還說「妳對我很重要」，那就已經夠了。

但事實是，他每天都在消耗妳的耐心、消磨妳對關係的期待，讓妳在模糊中，既不敢離開，又無從前進。

他說我們不用說清楚，其實是他早就清楚知道：一旦說清楚，他就沒辦法只付出一半了。

非承諾式情感互動與自我讓步檢查表

評估項目	是／否	發生頻率	備注說明
他是否持續強調「不需要定義關係」、「現在這樣剛好」？			如「我們這樣也很好」、「順其自然就好」等語言
妳是否多次試圖確認關係但最後總選擇沉默或妥協？			包含不敢問、不敢逼、不敢破壞現狀等
他是否持續享有伴侶互動內容卻不給出對應名分？			如情緒依賴、生活照顧、曖昧語言等
妳是否曾壓抑自己的關係需求來配合他的步調？			如說服自己不要談名分、不提未來等
他是否利用模糊語言避開所有進一步的情感責任？			如說「我還沒準備好」、「現在談這個太早」等
妳是否在這段關係中長期處於「懸著」的狀態？			包括焦慮、失衡、無力、無明確角色等感受

第四節
他沒有拒絕我，只是一直保留替代空間

他沒有說不愛我，但也從沒說要和我在一起

他從沒拒絕我，從沒說「我們不可能」，也從沒說「妳別再等了」。

他只是一次次地說：「我們慢慢來。」

「我現在沒辦法給妳承諾。」

「我真的很珍惜妳，但現在不是時候。」

於是我繼續留下來，繼續以「我們可能有一天會在一起」的心情，替他安排每一個行程的旁白。

我開始習慣性地不要求、不催促，只是默默等。

等他說一句「我們可以開始了」。

但他永遠沒有拒絕，也永遠沒有選擇。

我不是被捨棄，而是被長期備用。

他讓妳留著，
不是因為捨不得，而是因為妳太好用

這類互動稱為策略型情感保留，指的是一方刻意不明確拒絕另一方的情感期待，透過模糊語言與偶爾釋出的親密行為，維持對方的留存度，以備不時之需。

他不說不要，是因為妳的好讓他輕鬆；他不說不能，是因為妳的等待讓他有後路；他不說沒機會，是因為他知道 —— 只要不說破，妳就不會走。

妳說：「我只是希望他有一天會選我。」

他回：「我從來沒有說過不會。」

這樣的對話，不是承諾，是餵養。

他用沉默養妳的期待，再用不確定困住妳的自由。

他不選妳，是因為他知道妳會留下來等

妳不是不知道這段關係的問題，妳也不是從來沒想過離開。

但每當妳鼓起勇氣要放手，他就會突然回訊息、傳語音、說一句「我其實一直很在乎妳」。

然後妳又心軟，又說服自己再多等一下。

妳說：「如果他真的不在乎我，幹嘛不直接走？」

但妳忽略了，他其實根本沒打算走，因為他知道——留下來什麼都不說，對他最有利。

妳不是沒有價值，
是妳把他沒拒絕的沉默誤認為肯定

他沒說要，但妳解讀為「正在思考中」；他沒說不行，妳當作「其實是還沒準備好」；他沒說對不起，妳甚至幫他解釋「他只是怕傷害我」。

但其實，他就是知道這種曖昧對他最好用。

他可以自由安排生活、不必負責感情，卻始終有人為他守著希望的門口。

他沒騙妳，他只是什麼都沒說。

而妳自己，把那份沉默翻譯成了可能。

他不是沒有立場，而是他的立場
從來都只是「我想保留妳這個選項」

他說：「我沒有對妳說過假話。」

但他也從沒讓妳真的走進他人生的任何決策裡。

他說：「我怕承諾太快會讓妳受傷。」

但事實是，他只是怕一旦承諾，就不能自由抽離。

妳以為自己是他還沒勇敢面對的感情，但真相是——他只是一直讓妳留在「可能有一天」的位置，卻從來沒打算真的走向那一天。

被保留關係中情感耗損與角色錯位檢查表

評估項目	是／否	發生頻率	備注說明
他是否從未正面回應妳的情感，但也不拒絕妳？			含未表態、不定義、模糊語言等
妳是否因他從未說「不要」而長期抱持希望？			如「他沒說不可能」、「他還沒準備好」等自我安撫
他是否偶爾釋出關心行為來延長妳的期待？			如突然回訊、語音關心、曖昧表述等
妳是否曾多次試圖退出但總被他「剛好」拉回？			包含冷淡後突升溫、道歉後無行動等

評估項目	是／否	發生頻率	備注說明
他是否從未做出選擇，但始終讓妳待在「備案」位置？			含同時與其他人互動、推遲決定、使用話術等
妳是否在這段關係中長期耗損，卻無實質進展？			包括心理疲勞、情緒焦慮、自我價值受損等

第五節　他說「妳很好，但我不想談感情」：他只想拿不想給

他不願意給，但從來不介意收

「妳真的很好。」

「只是我現在真的不想談感情。」

「妳值得一段更穩定的關係，我沒辦法給妳那些。」

他講這些話的時候，眼神是誠懇的，語氣是柔和的，甚至會加上一句：「我很抱歉。」

聽起來，他像一個不想耽誤妳的人。

但在那之後，他仍然會傳訊息給妳，說：「妳今天還好嗎？」說：「我剛想到妳。」說：「可以陪我講一下話嗎？最近壓力很大。」

妳明知道他不想談感情，卻還是無法離開，因為他沒有狠心，他只是——在情感世界裡做了最精準的自我管理：只拿，不給。

他不進不退，因為他知道妳還在那裡

這類行為被歸類為單向情感利益依附，即一方基於安全、便利與情緒舒適感，持續從對方獲取關心、照顧、陪伴與慰藉，但明確表態不進入承諾關係，以避免責任與限制。

他不是不需要感情，是不想給妳關係；他不是沒有空間，是只想保留自由；他說他不談感情，其實只是他不願意談妳要的那種感情。

他說不適合戀愛，卻享受戀愛的一切好處

他說：「我不想談戀愛。」但還是讓妳陪他吃飯、陪他看電影、陪他過節。

他說：「我現在不想給任何人承諾。」但還是傳語音叫妳「寶貝」、說妳是「心靈伴侶」。

他說得好像妳是他對不起的人，但從沒真的放妳自由，從沒真的告訴妳：「妳應該去找一個能好好愛妳的人。」

因為他清楚——只要他不明說拒絕，妳就會一直留著。

而妳也清楚，自己正在為一場「只出不進」的關係，提供源源不絕的愛情資源。

妳不是不夠好，是他根本不打算愛人

當他說「妳很好」時，他不是不愛妳，是他不想愛任何一個人，卻不願放棄妳這個願意給的人。

妳不是沒被重視，而是他把妳的體貼當成理所當然；妳不是沒被看見，而是他從來不認為自己需要回應妳的深情。

他說：「我沒辦法愛人。」但他還是讓妳做早餐、送便當、陪夜歸。

他說：「我現在沒有心力談戀愛。」但還是每天回妳訊息，說：「有妳真好。」

他不是不能談感情，只是他不想用感情的責任來回報妳給的溫柔。

妳不是被拒絕，只是被利用得太溫和了，不敢逃

他拒絕了名分，卻保留了妳的照顧；他拒絕了未來，卻保留了妳的現在；他拒絕了「在一起」，卻保留了每一種像戀人的行為。

而妳太善良，太不想逼人，太容易心軟，於是妳選擇留下來，成為那個「不求承諾，只想陪伴」的人。

但真正殘忍的是，他知道妳有期待，卻選擇繼續享受妳的付出，而從未給妳任何安全感。

只拿不給式情感互動與心理耗損檢查表

評估項目	是／否	發生頻率	備注說明
他是否多次表示「我不談感情」卻持續與妳互動親密？			如語音、約會、節日互動、深夜聊天等
妳是否明知無名分，卻持續提供情感與生活上的照顧？			如幫忙處理生活瑣事、主動陪伴等
他是否強調自己「沒辦法談戀愛」來拒絕承諾？			如提過傷痛、怕負責任、強調自我保留等
妳是否因他不狠心離開，而誤認為他其實有感情？			如相信他的「妳很好」、「我很珍惜」等話語
他是否未提供任何實質關係發展動作？			如不公開、無未來討論、不介紹朋友家人等
妳是否在這段關係中長期耗損、無法前進又無法抽離？			包括精神疲憊、自尊下降、情緒低落等

第六節　愛情裡沒有排名，妳只是候補

他讓妳以為妳是備選，其實妳根本不在選項名單上

他沒有說「我不愛妳」，但他也沒有說「我想選妳」。

他給妳的是半句承諾、三分依賴與七成模糊。

他對妳說：「我很珍惜我們之間的連結。」

妳以為自己在愛情候選清單上排得不錯，直到他突然跟別人公開了感情，直到他在社群媒體上牽起了另一個人的手，直到妳發現——妳等的是一場從未為妳舉行的面試。

他不是沒選擇，
是早就選好只是沒告訴妳妳不在名單裡

這類現象稱為虛擬順位錯覺，指的是一方在關係中因為對方給予偶爾的關心與語言暗示，自行將自己定位為「潛在戀人」，誤以為只要自己夠努力，便有朝一日會被正式選上。

他從沒讓妳參與他的生活，卻說妳是他情緒裡的特別存在。

他不願意公開妳的身分，卻願意私底下對妳說：「我最放鬆的時候就是跟妳在一起。」

妳誤以為他只是還沒準備好，其實他只是早就排除了妳，卻沒把妳移除對話清單。

妳不是在等上場，是他根本不打算開這場比賽

他說妳是很重要的人，妳就真的以為自己是在等被選擇的時機；但其實，他早就把妳放在一個「可有可無的情緒資源」位置上，一旦他累了、吵架了、孤單了，就來找妳，平時妳的存在對他來說，不是期待、不是責任，只是預備備案。

妳一直以為自己是遞補名單，但他其實從沒把妳算進比賽裡。

愛情裡沒有排行榜，只有願不願意選妳的人

愛情不是看誰最貼心、最能理解、最會包容，不是「如果妳做得夠多，他就會發現妳最好」。

愛情從來不是一場考試，不是得分高就能被錄取；愛情只有一件事 —— 他有沒有決定選妳。

妳不是沒表現出足夠的愛，妳只是愛錯了一個從沒把妳放進名單的人。

而他從沒選妳，不是因為妳不夠好，而是因為他習慣在感情裡，把「好用的」留著，把「想要的」帶走。

妳不是沒有條件被愛，是他從來沒有準備愛妳

妳會以為自己只是慢了一點，只要再耐心一點就會輪到妳；但真正殘酷的現實是：他根本沒打算讓妳排隊，他只是讓妳一直站在出口附近，順便幫他提包包、照顧行李、提醒他要出發。

而當他真的要搭上哪一班人生列車時，他不會回頭看妳，因為他從不曾打算讓妳跟他一起上車。

候補錯覺與被忽略順位認知自我覺察表

評估項目	是／否	發生頻率	備注說明
他是否常以「妳很好，但……」為開場卻從未承諾？			如「我真的很珍惜妳，但現在不能談感情」等
妳是否長期處於等待被選的狀態？			包括等待告白、等待公開、等待回應等
他是否在未與妳確認關係的情況下與他人交往？			如突然有女朋友、閃婚、公開戀情等
妳是否自我定位為「有潛力的對象」並調整自我配合？			包含努力迎合、表現自己、隱忍不滿等
他是否從未提供具體行動來證明妳是「將來的選擇」？			如不提規畫、不說明立場、不討論關係等
妳是否感受到被當作「備胎」、「情緒預備人選」？			包括深夜聯絡、突發找妳、依賴卻不公開等

第十二章
當妳終於清醒，
妳會為自己感到驕傲

第一節
他走了，什麼都沒帶走，除了我曾經的全部

他沒說再見，但我知道他不會回來了

最後一次的訊息，是一個簡短的「晚安」，沒有情緒，沒有未來，也沒有遺憾的語氣。

我看著那兩個字，心裡卻有一種極為確定的聲音在說：

這次，他是真的離開了。

他沒有封鎖我，沒有刪除聊天紀錄，甚至沒有說一句「我們結束吧」，但我知道，他從我生命裡悄悄撤退了。

沒有行李，沒有理由，但他帶走了我曾經給他的全部——信任、熱情、時間、眼淚、幻想、青春，還有我對愛情的全部定義。

他沒有強迫我付出，是我甘願奉獻到一無所有

這種情感歷程稱為自我界線消融式情感投注，意指在缺乏對等互動與尊重的關係中，一方過度投入，逐步喪失個人界線與資源控制，最終留下心理耗竭與自我錯位。

我不是不知道他沒說愛我，我也不是沒看出他從不選擇我。

但我依然陪他失眠、聽他抱怨、幫他修簡報、準備驚喜、

猜他情緒、安慰他低潮……

他說「謝謝妳」，我就當作是愛的替代品；他說「妳真好」，我就以為自己是他心裡那個特別的人。

他沒拿走任何實體東西，但我發現自己卻連好好愛自己的力氣都被掏空了。

他離開時沒有聲音，是因為他從未真正留下

他走得輕，是因為他從沒打算真正停留。

他早就替自己設好退場的路，只等那一天自己厭倦，只等我不再那麼有用、那麼安靜、那麼溫柔。

而我曾以為那叫愛，現在才知道那叫「利用期限到期」。

他走的時候沒有行李，但我卻發現——我的心整整空了一大塊，原來我給了他這麼多，從來沒想過要留下什麼給自己。

我花了很久才承認：
這不是他錯，是我太忘了保護自己

他沒有逼我愛他，是我一次次為自己找理由：「他只是怕」、「他還沒準備好」、「他不是故意的」。

他說的話我不只聽進去了，還幫他翻譯過無數遍，他給的不多，我卻總能在裡面找出想像的分量。

他沉默的時候，我替他說話；他冷淡的時候，我替他找藉

口；他離開的時候，我甚至還替他留了一個退路。

我以為這叫深情，現在才知道，那只是我自己把「被選擇」當成人生的獎品，卻忘了，我才是那個不該被這樣對待的人。

他走了，我什麼都沒剩，
但也終於開始重新擁有我自己

那天他不再聯絡以後，我突然不用再盯著手機、等著訊息、分析他說的每一句話有沒有潛臺詞。

我開始學會早點睡、好好吃飯、照顧自己、花時間陪朋友，我甚至開始想起那些在愛他之前的我，是多麼自由、多麼有趣、多麼值得被愛。

我花了很久才明白：

他帶走的不是我最好的樣子，而是我最迷失的那段時光。

而我正在學習 —— 把那段空掉的自己，一點一點填回來。

情感投資過度與自我流失覺察修復表

評估項目	是／否	發生頻率	備注說明
妳是否在未明確關係中投入大量時間與情感？			包括照顧、傾聽、安排行程、陪伴等
他是否未曾給予等值回應但仍享受妳的付出？			含無承諾、不定義、語言曖昧等情況

評估項目	是／否	發生頻率	備注說明
妳是否長期壓抑自身需求、合理化他的忽略？			如「他太忙」、「他只是怕愛」等自我說服
他離開時是否未做解釋，妳卻依然感到被掏空？			含情緒斷裂、自責、困惑、無方向等狀態
妳是否感受到自己的生活、情緒、價值觀皆受其影響？			如生活節奏全配合對方、忽略自身目標等
妳是否已開始恢復自己的節奏，重新修復生活？			如自主作息、重拾興趣、修補人際等行為

第二節
我從不願放手，到現在覺得他根本不配

曾經，我以為愛就是不願放棄；
現在，我知道有些人根本不值得堅持

我曾經很怕放手，怕我一鬆開，他就永遠離開；怕我不再主動聯絡，我們之間就沒有交集；怕我不再包容、不再體貼、不再陪著他，他就會轉身投入另一段感情。

那時候的我，把「不離開」當成愛的證明，把「再多等一下」當成會被愛的條件，把「我不能輸給現實」當成對自己堅強的說法。

我不是沒看見他怎麼推開我、忽略我、把我當成選項；只

是我一直相信 —— 只要我不放手，他終究會選擇我。

現在的我才明白 ——

他從來就不是值得我堅持的人，他只是習慣被我愛，而我太怕被遺忘。

放不下的，不是他，是我當初那個「要努力證明我有價值」的自己

心理學將這種情感依附狀態定義為焦慮型依戀（anxiety attachment），當一個人將自身價值與是否被愛畫上等號，會更傾向維持關係即便對方不對等回應，並錯認堅持為忠誠，實則是不敢面對「我其實配不上愛」的深層恐懼。

我放不下，是因為我一直以為：

只要我多付出一點，他會發現我的好；只要我多忍耐一點，他會捨不得離開；只要我不放手，就代表我值得被愛。

但後來我才懂，真正值得的人，不會要妳證明自己好不好。

當我越來越少主動聯絡，他的生活沒有任何改變，我才明白誰才是多餘的

有一陣子，我試著收起自己的習慣，不再每天問候、不再提醒他要吃飯、不再幫他查資料、不再主動丟貼圖逗他笑。

起初我以為他會發現異樣，會回頭問我：「妳怎麼了？」

結果他只消失得更乾脆、更徹底，連一個「妳最近怎麼比較安靜」都沒有。

那瞬間，我醒了。

原來我以為的「我們」只是我的日常，在他那裡從來不曾成立過。

我不是學會了不愛，是我看清了「他根本沒能力愛我」

我不再責怪他不選我，我也不再糾結自己哪裡做得不夠好；我開始明白，有些人不是不夠愛妳，而是他從來不懂什麼叫「愛一個人需要負責」。

他愛自己更多，他要自由，他貪方便，而我剛好就是那個可以不吵、不逼、不要求，還願意付出所有的對象。

但我不是生來讓人「剛好可以用的」，我也值得一個真心、清楚、勇敢、負責的人來好好珍惜我。

我放下的，不是感情，是那個用盡全力去貼一個不愛自己的人

我以為我失去了一段關係，但其實我失去的是一種自我折損的模式。

我不再習慣去愛一個永遠說不清楚的人，不再為一個連未

來都不願提的人浪費深情，不再相信模糊可以等到真心，也不再把「我很好」寄望在「他會看到」。

我不是變冷淡，我是終於醒來。

醒來後的我，才開始真正學會，怎麼愛我自己。

從依附到清醒的自我修復轉化檢測表

評估項目	是／否	發生頻率	備注說明
妳是否曾長期將自己的價值寄託在對方的選擇上？			如覺得「只要被選中，就證明我很好」等
他是否從未對妳主動回應，卻習慣接收妳的好？			如習慣妳的照顧、陪伴，卻從不回報
妳是否在停止主動後發現他生活毫無變化？			包含無關心、無回應、無察覺等反應
妳是否開始能夠說出「這不是我的問題，而是他不配」？			如自我認同回復、不再責怪自己等
妳是否不再強求愛情排名，而是學會選擇自己？			如主動抽離、清醒判斷、不再幻想等
妳是否開始願意將心力投入自己而非討好別人？			包括生活節奏改變、情緒穩定、自主感提升等

第三節
原來我不是不夠好，是他從沒看懂我有多好

他不是沒機會愛我，是他根本沒打算認真看我

曾經我以為，是我不夠漂亮、不夠有趣、不夠冷靜，才讓他遲遲不選我、不愛我、不定義我們的關係。

我不斷調整自己、壓抑需求、放低姿態，試圖變成「他想要的樣子」。

他一句話，我可以改掉習慣；他一個表情，我能花一整晚猜他是不是累了、不開心了、想躲起來了。

我小心翼翼地貼近他，用盡全力想讓他看到我的好，但他始終視而不見，聽而不聞，然後轉身選擇另一個從沒為他做過這些事的人。

那一刻我才明白，不是我不夠好，是他從頭到尾，根本沒打算真正理解我這個人。

他看見的只是他想用的那一面，而我全心的模樣從未進入他眼裡

這種情感經驗稱為認知選擇性忽略，即個體在關係互動中只接受、重視對自己有用或輕鬆的部分，而忽略對方的情感深度、複雜性與價值本質，導致關係角色被扁平化與工具化。

他說我貼心，因為我不吵不鬧；他說我溫柔，因為我從不逼問；他說我懂他，因為我總能照顧他的情緒。

但他從未問過我開不開心、累不累、願不願意一直這樣配合。

我對他的好，是完整的愛，是成長的耐心，是沉默的理解。

可是他只看到「她對我真的很好」，卻從未問過：「她需要我回應什麼？」

我不是沒有被愛的條件，是他從沒打算用心了解我

他從沒問過我想要什麼，只問我能不能多等一點、多讓一步、多撐一下；他從沒在意過我需要什麼，只在乎我能不能繼續安靜地站在他生活的邊邊。

我努力做個夠體貼的人，以為這樣才會被珍惜，但原來我一直都錯了 —— 我不是不夠好，是他根本沒有想要知道我有多好。

因為只有真正願意愛妳的人，才會想理解妳是怎樣的人、妳的喜好、妳的底線、妳的願望，不會只要妳的好用、妳的安靜、妳的配合，卻無視妳的自我與靈魂。

當我看懂這些，我才真正開始喜歡那個不再求他看見的自己

我曾經等他轉頭看見我，現在我轉身去照顧自己。

我曾經以為他眼裡沒我，是因為我還不夠發光；但現在我

知道——我一直都在發光，只是他根本沒抬頭看。

我開始懂得欣賞自己——懂得愛人、懂得付出、懂得溫柔、懂得深情，這些本事不是拿來讓人忽略的，而是要交給真正懂得珍惜、捨不得浪費的人。

他沒看見，是他的損失，不是我的問題。

自我價值重建與被忽略關係辨識檢查表

評估項目	**是／否**	**發生頻率**	**備注說明**
妳是否曾長期懷疑自己不夠好，因此努力去改變以取悅對方？			如壓抑情緒、迎合需求、改變行為等
他是否只強調妳的好處但不深入了解妳的需求與背景？			如說「妳很貼心」，卻不關心妳是否快樂
妳是否在關係中感覺自己的價值被簡化為「配合」與「懂事」？			如覺得自己只是被需要，但不被真正了解
他是否從未主動詢問妳的感受、界線、未來規畫？			含不參與妳的生活細節、對妳的內在冷漠等
妳是否曾因他未選擇妳而否定自己的整體價值？			如自責、懷疑自身吸引力、焦慮過剩等
妳是否已開始重新定義自己的價值與標準，不再依賴他人的眼光？			如恢復自信、建立界線、肯定自我特質等

第四節
我開始學會選擇自己，而不是等待別人選我

我不再等那句「我選妳」，因為我已經開始選我自己

曾經，我什麼都不問，只怕一問就輸；曾經，我等他有空、等他回應、等他清醒、等他準備好；曾經，我把自己的愛藏在他可能會回頭的那一天。

但現在，我把那張寫滿等待的日曆撕掉了。

我不再靠猜測他有沒有在乎，來決定我值不值得被愛。

我也不再把自己的人生，寄託在誰會不會發現我的好。

我開始學會一件事：我的價值不需要被誰選出來才能存在。

選擇自己，是不再為不確定的他浪費確定的我

這種成長歷程稱為自主選擇權回收，當一個人逐漸意識到過往的情感行動都基於外部評價與對方需求，便會進入一段重新與自己建立關係的過程，學會主動為自身設下標準與界線。

我曾以為，感情就是等對方來選我；我以為不問、不吵、不逼，就是溫柔；我以為順著別人的節奏走，才有機會留下來。

但我錯了。

那些一味等候的日子，把我變成一個看別人眼色生活的影

子，我不再是我，而是他方便時可以用，不方便就暫時冷落的「預備情人」。

而現在的我，終於學會：如果那不是我想要的，對不起，我不等了。

我開始學會拒絕模糊的溫柔，也懂得為自己設下愛的底線

有些人，只能給出半句關心，卻想收走我整段深情；有些關係，從頭到尾都在曖昧、拖延、沉默中進行，我曾經為這些模糊感痛苦、懷疑自己、陷入自責。

但現在我知道，這不是我不夠好，而是他們習慣了只給一點點的親近感，來獲得他們想要的情緒支持，卻從不打算給予我實質的陪伴與承諾。

我選擇的愛，不再是等待誰靠近我，而是誰能在我身邊，清楚地站出來，告訴我：「我想陪妳走下去。」

我的人生不再排隊等誰喜歡，而是看誰配得上我

過去，我太怕被錯過，太怕不被選，所以我總是降低標準，只要他願意停下來多看我一眼，我就覺得自己幸運。

但現在的我，不再讓自己卑微；我不是候選人，我是評選者。

我會問自己：

他是否尊重我？

他是否願意與我並肩？

他是否看得見我真正的樣子，而不是只看我對他的好？

如果答案是否，我就轉身。

因為我知道，我值得更好的。

我不再乞討愛，我選擇一段不需要證明自己的關係

我曾經為了得到一句「我喜歡妳」付出太多；我曾經以為只要我做得夠好，夠貼心、夠懂事，他就會發現我是最適合的人。

現在我懂了，愛不是考試，不需要拿高分才被錄取；愛是兩個人眼神交會時，知道彼此都值得。

不是等待對方批准自己可以被愛，而是自己選擇：這次的我，只願意把愛交給願意好好承接的人。

自我選擇權回收與情感行動主導權檢查表

評估項目	是／否	發生頻率	備注說明
妳是否過去在感情中常將主動權交給對方？			如等他決定關係、等他開口行動等
妳是否習慣降低標準來配合他人的節奏與情緒？			如忽略自己需求、壓抑不滿、只求不被丟下

評估項目	是／否	發生頻率	備注說明
妳是否已開始設立自己的情感底線與判斷標準？			如不再接受模糊、不再勉強陪伴、不再自我矮化
妳是否學會從自己感受出發選擇值得的人與關係？			如先確認自己要什麼，而不是等對方給什麼
妳是否願意拒絕那些「只想被愛、不想愛人」的人？			如直接斷開模糊關係、不再自我懷疑等
妳是否感覺到自己的自尊、穩定性與安全感在成長中？			如內在更平靜、信心回來、生活更完整等

第五節　不再檢討自己為什麼被冷落，而是收起為愛過度的熱情

他冷淡時，我再也不問「是不是我做錯了什麼」

過去的我，只要他回得慢、語氣冷、情緒低，我就開始一輪輪自我檢討：

是不是我太黏了？是不是我太無聊？是不是我哪句話惹他不高興？

我重新翻聊天紀錄，一句一句檢查；我改變說話方式、調整訊息頻率、設想各種回應劇本，只為了不要再被忽略一次。

而這些努力最後換來的，不是他更懂我、更靠近我、更多愛我，而是我對自己更陌生了。

過度的熱情，是為了彌補我在這段關係裡的匱乏感

這種情感狀態稱為焦慮型補償依戀，當一個人無法從關係中獲得穩定與回應，就會透過更多主動、更多付出來掩蓋心中的不安全感與自我懷疑。

我以為多關心一點、多付出一點，他就會回應我；我以為只要我再堅持、再用力，他終究會被打動。

但其實，那些我以為是「愛的努力」，在他眼裡只是方便的附加服務。

而每一次他不理我，我都不敢怪他，反而怪自己太笨、太煩、太多話。

我把冷落當作考試，把沉默當成懲罰，把自己的熱情當成補償作業。

有一天我累了，才發現他不是不理我，是我太怕面對他真的不在乎

我曾把他的冷淡解釋為忙碌、壓力、個性慢熱，把他的敷衍當成情緒波動，我不敢相信他其實沒那麼在意，因為那代表 —— 我所有的愛，可能都沒有被他好好接住。

直到那天，我停下來不再傳訊息、

不再主動聯絡、也不再問候，三天、五天、一週，他依然安靜，我才明白，我不是被冷落，我只是從來不在他的「必須回應」清單裡。

不再用熱情去填補對方的冷淡，而是收回力氣照顧自己

我開始不那麼快回訊息，不是為了報復，而是我不再讓自己的節奏繞著他轉。

我開始不再解釋自己的情緒，因為我發現真正懂我的人，不需要我苦苦證明。

我學會了：不是每個人都值得妳不計代價地付出，不是每段關係都需要妳撐到最後，更不是每次失衡都該由妳來調整。

有些冷，是提醒妳該轉身；有些不回，是宇宙幫妳關掉一扇不該再敲的門。

熱情不是錯，但給錯人，就變成對自己最深的傷

我不是不再相信愛、也不是變冷漠，我只是學會了 —— 愛應該是雙向的、平衡的、有回應的。

我不再急著證明自己值得，因為我知道，我本來就值得。

我不再想著「為什麼他不選我」，我只想著「我能不能開始好好選我自己」。

我不是不會再愛，我只是不再浪費愛。

從今天起，我不再把熱情灑在沙地上，我要留給懂得種花的人。

自我過度補償與情緒冷落對應覺察表

評估項目	是／否	發生頻率	備注說明
他是否常出現不讀不回、情緒冷淡、對妳無回應？			含已讀未回、話題中斷、回應敷衍等行為
妳是否一旦被忽略就開始反覆檢討自己行為？			如重新翻訊息、懷疑說錯話、過度焦慮等
妳是否試圖用更多關心、更快回應來換取他的注意？			如主動加倍陪伴、送禮、解釋自己情緒等
他是否從未針對妳的付出表示具體回應或改善？			含逃避溝通、不解釋、不願定義關係等
妳是否已開始察覺自己的情緒熱情被過度消耗？			如心累、失衡、無法期待、不再想主動等
妳是否願意收回這些熱情，並將注意力轉向自己？			如改變作息、重拾興趣、關心自身感受等

第六節
我把愛收回來了，這次只留給值得的人

我不再把真心交給
猜不透、留不住、回應不了的關係

我曾以為，只要我愛一個人夠深、夠久、夠溫柔，他終究會回頭看見我。

所以我傾盡所有：時間、情緒、理解、耐性，甚至連原本屬於自己的夢想和節奏也讓位。

結果我只換來一次次的沉默、敷衍、冷落與錯位。

我不怪他不愛我，但我再也不允許自己，把愛變成一種求生的手段。

從今以後，我只把愛交給那些有能力回應我愛的人。

值得，是願意認真認識我、珍惜我、回應我的人

這種修復性認知重組過程稱為情感選擇重構，當一個人從錯誤的關係中抽身後，重新設定愛的門檻與回應機制，學會將自己的情感視為稀有且珍貴的資源。

過去我愛得太不挑、太慷慨，只要他需要我，我就出現；只要他一句「妳最好」，我就願意無條件奉獻；只要他不說走，

我就一直等。

現在的我不一樣了 ——

我會問自己：「他是否把我當成對等的人？」

「他有沒有讓我感到安定，而不是焦慮？」

「他有沒有把愛變成行動，而不是只用語言虛構親密感？」

如果沒有，我就轉身。因為我的愛，不再是任人試穿的樣品，而是只為真正買單的人保留的設計款。

我的愛不再免費、不再模糊、不再試探，而是清楚、穩定、乾淨

我不會再問：「我這樣會不會太多？」

因為我知道，對的人不會覺得我太多，他會覺得我剛剛好。

我不會再等：「他什麼時候才會準備好？」

因為我知道，對的人會在第一時間拉著我說：「我想要的就是妳。」

我不再自我縮減來迎合誰，不再因為怕失去而委屈求全，我學會了：保護自己的愛，不是自私，是成熟。

不是我變冷，
是我把溫度留給真正會取暖的人

有人說我變了，不再那麼柔軟、不再那麼主動、好像冷靜了很多。

但只有我知道，這不是冷淡，是我不再隨便開門讓誰進來亂丟東西。

我不是不愛人了，而是我學會了愛人之前，先問自己：「他值不值得我這麼愛？」

我不再愛那些讓我睡不好的人、讓我懷疑自己的關係、讓我低頭乞討溫柔的對象。

我只愛那些讓我安心、讓我自然、讓我可以做自己的存在。

這一次，我把愛收回來，不是因為失望，而是因為我終於明白：最值得的人從來不需要我委屈自己來換。

我收回了愛，也終於把自己還給自己

那個願意不計代價去愛的我，值得被擁抱、被感謝、被重視。

我曾經錯付、錯信、錯等，但我從來沒有錯愛。

錯的，是我把愛給了不會愛我的人。

但現在，我收回來了。

從今天起，我不再將愛當作被認可的證明，而是當作一種祝福 —— 先祝福自己，再給予對的人。

情感選擇修復與自我重建認知檢查表

評估項目	是／否	發生頻率	備注說明
妳是否曾將愛當作證明自我價值的方式？			如透過付出換取被重視、害怕失去不敢設限等
妳是否已開始設定愛的條件與接受的底線？			如不再接受曖昧、拖延、情緒剝削等
妳是否學會評估「對方是否有回應能力」？			包含是否主動、穩定、尊重、願意承諾等
妳是否願意保留熱情給真正會珍惜的人？			如主動抽離不對等關係、重新分配情感資源等
妳是否感覺自己更清楚什麼樣的愛才值得經營？			如懂得拒絕、懂得等待正確時機與對象等
妳是否已能穩定地愛自己，並享受單身生活的完整？			包含生活步調恢復、自信建立、人際健康等

結語

愛過是勇敢，放手是成長，選擇自己才是成熟

我們都曾在某一段關係裡，用盡全力地愛，愛到不敢問、愛到捨不得走、愛到不知自己在哪裡。

我們曾經以為，只要不放手，就能等到他看見；以為多一點體貼，就能換來一句承諾；以為不定義、不催促、不強求，就是愛情裡最大的善良。

但妳翻完這本書，終於會知道：

那些他沒說出口的話，不是妳不夠懂，而是他從未想清楚、也不曾願意說清楚；那些模糊不明的關係，不是妳不夠好，而是他沒能力給妳應得的愛。

真正的成熟，不是能撐住委屈，而是懂得轉身；真正的強大，不是愛到沒有底線，而是知道什麼時候該停手。

從今以後，妳不再需要翻譯別人的沉默，妳會開始練習聽見自己的聲音、感受自己的情緒、尊重自己的需求。

願妳不再把愛當成一場證明，而是一次選擇，選擇那個真正值得妳溫柔的人 —— 包括妳自己。

電子書購買

爽讀 APP

國家圖書館出版品預行編目資料

他不能說的那句我替妳翻譯：72 種見不得光的戀情，看透他的心，也看清妳自己 / 葉知微 著 . -- 第一版 . -- 臺北市：財經錢線文化事業有限公司, 2025.07
面；　公分
POD 版
ISBN 978-626-408-319-5(平裝)
1.CST: 戀愛心理學 2.CST: 兩性關係
544.37014　　　114009394

他不能說的那句我替妳翻譯：72 種見不得光的戀情，看透他的心，也看清妳自己

臉書

作　　者：葉知微
發 行 人：黃振庭
出 版 者：財經錢線文化事業有限公司
發 行 者：崧燁文化事業有限公司

E-mail：sonbookservice@gmail.com
粉 絲 頁：https://www.facebook.com/sonbookss/
網　　址：https://sonbook.net/
地　　址：台北市中正區重慶南路一段 61 號 8 樓
8F., No.61, Sec. 1, Chongqing S. Rd., Zhongzheng Dist., Taipei City 100, Taiwan
電　　話：(02) 2370-3310　　**傳　　真**：(02) 2388-1990

印　　刷：京峯數位服務有限公司
律師顧問：廣華律師事務所 張珮琦律師

定　　價：450 元
發行日期：2025 年 07 月第一版
◎本書以 POD 印製
Design Assets from Freepik.com